पर्यटकों का ननिहाल

हिमाचल प्रदेश

(पर्यटक गाइड)

पवन चौहान

डायमंड बुक्स

www.diamondbooks.in

प्रकाशक : डायमंड पॉकेट बुक्स (प्रा.) लि.
X-30, ओखला इंडस्ट्रियल एरिया, फेज-II
नई दिल्ली-110020
फोन : 011-40712200
ई-मेल : wecare@diamondbooks.in
वेबसाइट : www.diamondbooks.in
संस्करण : 2024

Paryatakon Ka Nanihaal- Himachal Pradesh
by : *Pawan Chauhan*

समर्पण

प्रकृति और अपने लोक को समर्पित जो हमारे जीवन और हमारी संवेदनाओं को संभाले रखने में सदा उत्प्रेरित करते हैं।

कहन

बस! एक पौधा जरूर

घुमक्कड़ी मानव मन की मुक्ति का साधन होने के साथ-साथ अपने क्षितिज विस्तार का भी साधन है।

-राहुल सांकृत्यायन

यात्राएं हमेशा आलाह्दित करती हैं, हमें दुनिया के कई हिस्सों से जोड़ती हैं, हमें मुस्कुराना सिखाती हैं, हमें संघर्ष की तालीम देती हैं, मनुष्यता का पाठ पढ़ाती हैं, हमारे मन के द्वार को खोलती हैं, हमारे विचारों का दायरा बड़ा करती हैं, हमारी संवेदनाओं को हरा रखती हैं, हमें साहस देती हैं, हमारे अनुभवों को पक्का करती हैं, दुनिया को देखने का एक नया नजरिया प्रदान करती हैं...। बहुत कुछ है जो हमें यात्राओं से मिलता है। इसलिए यात्रा के लिए जब भी समय मिले, जब भी मन करे, जब भी मौका मिले, जब भी आप एक जगह पर रहकर बोर होने लगें तो बांधिए अपना बैग और निकल जाएं किसी यात्रा पर। यह यात्रा चाहे लंबी हो या छोटी, पर ऐसी हो जो आपको तारोताज़ा कर दे। आपके मन को, आपके दिल को खूब सुकून सौंपे।

ऐसी ही यात्राओं में शामिल है हिमाचल की यात्राएं जो आपको एक नए जोश, एक नई ऊर्जा से भर देती हैं। आपको प्रकृति के करीब लेकर आती है। आपका मन यहीं बसने को हो जाता है। जब भी आप यहां पहुंचेंगे तो आपको प्रकृति अपनी सहचरी लगेगी। यहां के पहाड़ आपको अनगिनत फूलों की खुशबू, झरनों की चंचलता से रूबरू करवाएंगे। यहां के वन आपको स्वच्छ हवा के झोंकों व असीम प्राकृतिक सौंदर्य से सराबोर कर देंगे। यहां का लोक अपनी सांस्कृतिक समृद्धता से मुलाक़ात करवाएगा। आज हिमाचल दुनियाभर में पर्यटन का केंद्र बनकर उभरा है। पूरे वर्षभर यहां पर्यटकों का तांता लगा रहता है। चाहे फिर बसंत की बहार हो, गर्मी की तपिश हो, बरसात की झमाझम लड़ियां हों, कंपकंपाती सर्दी का मौसम हो, बर्फ की सफेद चादर ओढ़े यहां की ऊंची-ऊंची पर्वत श्रृंखलाएं हों, चाहे पतझड़ का वीराना ही क्यों न हो। आपको हर मौसम अपने आकर्षण में बांधेगा ही। आप लोक के एक अलग ही रंग और

रहस्यों से वाकिफ़ होंगे। धार्मिक पर्यटन की खूबसूरती और देव संस्कृति के अनोखे संगम के तो कहने ही क्या! बस, यहां एक बार पहुंचने भर की ही देरी है। ये वादियां आपको ताउम्र अपनी खूबसूरती के एहसास से सराबोर रखेंगी। यह मेरा वादा है।

जब भी हमारी छुट्टियां होती हैं तो हमारी पहली दौड़ नानी के घर के लिए लगती है। हिमाचल भी सभी पर्यटकों के ननिहाल जैसा ही है। दुनिया भर के बाशिंदे अपनी छुट्टियां बिताने हिमाचल का रुख करते हैं और अपने साथ सौंदर्य का एक हसीन अहसास लेकर लौटते हैं। बहुत से लोग आज भी हिमाचली पर्यटन का दायरा कुल्लू, मनाली, शिमला, डलहौजी तक ही मानते हैं। लेकिन हिमाचल सिर्फ कुछ एक स्थानों तक ही सीमित नहीं है बल्कि सही मायने में हिमाचल कहीं और है। हिमाचल की सही तस्वीर उन अनछुए इलाकों में, उस ठेठ ग्रामीण परिवेश, लोक-संस्कृति के समृद्ध दायरे तथा प्रकृति के अनमोल परिवेश में हैं। वैसे भी, हिमाचल के सौंदर्य को किसी सीमा में नहीं बांधा जा सकता। यहां ऐसे बहुतेरे अनछुए इलाके हैं जहां आज भी लोगों की पहुंच नहीं हुई है। यदि हुई भी है तो बहुत सीमित संख्या में। बेशक, सुविधाएं हिमाचल में पहुंची हैं लेकिन यहां के लोगों की जीवन शैली आज भी मेहनत और संघर्षों से बनी-ठनी है।

पुस्तक 'पर्यटकों का ननिहाल' आपको हिमाचली पर्यटन की एक छोटी-सी झलक दिखाने का प्रयास भर है। इस पुस्तक में शामिल पर्यटन स्थलों से संबंधित हर संभव जानकारी जुटाने की कोशिश की गई है। फिर भी कुछ छूटता है तो उसे पाठकों के सुझावों से पूरा करने का प्रयास किया जाएगा। आप नए रमणीय स्थानों की खूबसूरती संग रहस्य, रोमांच, रोचकता और आस्था के कई किस्सों से परिचित होंगे। यह पुस्तक अवश्य ही आपके कदम घुमक्कड़ी के लिए तैयार करेगी। मुझे घूमने का शौक हमेशा से ही रहा। मेरी लेखन की शुरुआत भी फीचर से ही हुई है। फीचर लेखन एक अलग ही आनंद देता है। इसी का ही परिणाम यह पुस्तक है। इस पुस्तक का खूबसूरत शीर्षक सुझाने के लिए मैं कवि मित्र गणेश गनी का हार्दिक आभार व्यक्त करता हूं। साथ ही, उन सभी मित्रों यथा बीरबल शर्मा, उरसेम लता, रेखा गक्खड़, हरिकृष्ण शर्मा, मोहन शर्मा, रवि गौतम, जगजीत आजाद, विकास महाजन, राकेश भारद्वाज, मान सिंह, रमेश मस्ताना, पौमिला ठाकुर, भीम वर्मा, शोभना चौधरी, संजू उर्फ़ चाचू, मनु का हृदयतल से शुक्रगुजार हूं जिन्होंने मुझे उस समय तस्वीरों की सौगात भेजी जब मेरे अपने फोटो किन्हीं कारणों से मेरे पास नहीं थे।

आपसे एक बात कहने का मन हो रहा है। वह यह कि आप पर्यटक हिमाचल की रौनक हैं। हम सभी आपका दिल की गहराई से स्वागत करते हैं और आपकी मंगल यात्रा की कामना भी। साथ ही, आपसे एक वादा भी चाहते हैं। आप जब भी इस देवभूमि में आएं तो कृपया यहां कचरा फेंककर न जाएं। यहां आप अपने घर की तरह आएं। हमें बहुत खुशी होगी। एक और

बात, जब भी आप घुमक्कड़ी के लिए आएं तो अपनी निशानी के तौर पर कोई एक पौधा किसी भी स्थान पर रोप कर जरुर जाएं। आपका यह प्रयास धरती को बहुत सुकून देगा। आपके दिल को एक अनमोल खुशी से भर देगा। आपकी यह छोटी-सी लेकिन बहुत बड़ी हिस्सेदारी इस धरा को हरा-भरा रखने में मदद करेगी। प्रकृति में आए गंभीर परिवर्तनों को आपका यह प्रयास सामान्य बनाने में बहुत मददगार साबित होगा। आप जब भी यहां दोबारा आएंगे और अपने लगाए पौधे को पेड़ बनता हुआ देखेंगे तो यकीन मानिए आपके चेहरे पर जो खुशी होगी, वह अनमोल होगी। उम्मीद करता हूं कि इस पक्ष में हिमाचल सरकार, अन्य विभाग व स्वयं सेवी संगठन भी सहायता करेंगे। आप सभी को पुस्तक में शामिल इन पर्यटन स्थलों की जानकारी सौंपते हुए बेहद खुशी महसूस कर रहा हूं। उम्मीद करता हूं कि यह जानकारी आपके जरूर काम आएगी और हिमाचल की यात्राएं सदा आपके मानसपटल को खूबसूरती के अनोखे एहसास से सदा महकाती रहेंगी। एक बार पुनः आपके ननिहाल में आपका स्वागत करता हूं।

आपका
पवन चौहान

अनुक्रमणिका

कल्पा : कल्पना-सा सुन्दर

भारतवर्ष में ऐसे बहुत से खूबसूरत स्थान हैं, जिन्हें देखने के लिए मन हमेशा लालायित रहता है। ऐसे ही स्थानों की सूची में एक नाम आता है हिमाचल प्रदेश के किन्नौर जिले के 'कल्पा' का। किन्नौर के मुख्यालय रिकांगपिओ से 8 किलोमीटर की दूरी तथा समुद्रतल से 2759 मीटर की ऊंचाई पर बसा यह किन्नौर का छोटा-सा गांव है जो अपने प्राकृतिक सौंदर्य से सबको अपने मोहपाश में बांध देता है।

कल्पा के बारे में

कल्पा का पौराणिक नाम 'चीनी' है। पंक्तिबद्ध लकड़ी के मकानों के बीच से कुछ सौ मीटर की दूरी तक जाती गली अहसास कराती है कि हम आज भी उस अतीत में ही भ्रमण कर रहे हैं, जब शुरू में किसी टोली ने कहीं से आकर कल्पा गांव की नींव रखी होगी। गांव की यह एकमात्र गली आज भी उस दौर के कठिनतम जीवन की याद को ताजा कर देती है। पहले किन्नौर का मुख्यालय कल्पा था जो बाद में रिकांगपिओ में तबदील कर दिया गया। कल्पा में प्रसिद्ध यायावर राहुल सांकृत्यायन भी ठहरे थे। यहां रहकर अपनी रचनाओं के माध्यम से उन्होंने किन्नौर को भी शामिल किया। कल्पा को धरोहर गांव भी घोषित किया जा चुका है।

प्रमुख दर्शनीय स्थल

हिंदुस्तान-तिब्बत मार्ग

कल्पा को उस समय महत्व मिला जब लॉर्ड डलहौजी ने 19वीं शताब्दी में हिंदुस्तान-तिब्बत मार्ग बनाने का प्रस्ताव रखा। कल्पा से आज भी पुराना हिन्दुस्तान-तिब्बत मार्ग गुजरता है। यही वह मार्ग है जिसके माध्यम से यहां के लोगों ने अपने क्षेत्र में पहली बार किसी गाड़ी के दर्शन किए थे। यह मार्ग भारतीय सेना के उन वीर जवानों की पदचापों का गवाह भी है, जिन्होंने 1962 में चीन के आक्रमण का मुंह तोड़ जवाब दिया था। कल्पा में ही शिमला-कालका रेलमार्ग

की योजना भी तैयार की गई थी। वर्तमान में सतलुज नदी के साथ-साथ नया सड़क मार्ग (राष्ट्रीय उच्च मार्ग-22) है। लेकिन बाढ़, भूस्खलन या अन्य प्राकृतिक आपदा के कारण जब यह नया मार्ग बंद हो जाता है तो मुख्यालय या इससे आगे जाने के लिए पुराना हिन्दुस्तान-तिब्बत मार्ग ही प्रयोग किया जाता है। इस मार्ग का सफर जितना रोमांचक है उतना ही खतरनाक भी है। सड़क के किनारों की अंतिम सीमा को छूते गाड़ी के पहिए और नीचे हजारों फुट नीचे गहराई पर दिखती सतलुज नदी डर पैदा करती है। लेकिन मुसीबत के समय यह मार्ग सबका सहारा बनता है।

स्कीइंग स्थल

कल्पा से ऊपर की ओर 'चाका' गांव है जो अपने प्राकृतिक सौंदर्य के कारण एक पिकनिक स्थल के रूप में प्रसिद्ध है। यहां एक छोटी झील के साथ ढलानदार विस्तृत मैदान है, जो बरबस ही अपनी ओर हमारा ध्यान खिंचता है। इस ढलानदार मैदान पर हरी घास के साथ रंग-बिरंगे फूल अपनी छटा बिखेरते हैं। इस जगह पर स्कीइंग भी की जाती है। गर्मियों में देशी-विदेशी व स्थानीय लोगों का यहां जमावड़ा लगा रहता है। कल्पा से इस स्थान तक पहुंचने के लिए लगभग दो घंटे का पैदल रास्ता तय करना पड़ता है।

धार्मिक स्थल

कल्पा से 5 कि०मी० की दूरी पर है देवी कोठी का पैगोड़ा शैली में बना भव्य मंदिर। यह मंदिर मां चंडिका को समर्पित है। यह देवी किन्नौर के सभी देवी-देवताओं में सबसे बड़ी देवी है। मंदिर परिसर के बाहर देवी के प्राचीन मंदिर के आगे बने तालाब में रंग-बिरंगी मछलियां यहां का एक अन्य आकर्षण का केंद्र बना हुआ है। इसके अलावा कल्पा से ही 5 कि०मी० की दूरी पर यूरंगी गांव में स्थित प्रसिद्ध गोम्पा बौद्धों की आस्था का प्रतीक है। इस गोम्पा के बाहर भगवान बुद्ध ही बहुत ऊंची प्रतिमा स्थापित की गई है जो सबको लुभाती है।

कश्मीर मेला

सितम्बर माह में कल्पा के साथ वाले कश्मीर गांव में लगने वाला मेला बहुत प्रसिद्ध है। इस मेले में शामिल होकर आप करीब से किन्नौर के ठेठ सांस्कृतिक पहलुओं और अनूठी परंपराओं से वाकिफ हो सकते हैं।

लवर प्वाइंट

कल्पा से 8 कि०मी० दूर पुराने हिन्दुस्तान-तिब्बत मार्ग पर कल्पा से अंतिम गांव है रोघी। इसी गांव में सड़क मार्ग के साथ 'लवर प्वाइंट' नामक स्थान है। यह नाम इस जगह को उस प्रेमी युगल की याद स्वरूप दिया गया जिन्होंने इस स्थान से छलांग लगाकर आत्महत्या कर ली थी।

इस प्वाइंट से आस-पास और दूर की चोटियों के मनभावन दृश्य पर्यटकों को खूब आकर्षित करते हैं।

किन्नर-कैलाश व्यू

कल्पा से 8 कि०मी० दूर रिकांगपिओ बस स्टैंड के साथ है किन्नर-कैलाश व्यू। यह वह जगह है, जहां से आप सामने की पहाड़ी की चोटी पर स्थित किन्नौर व देशभर के लोगों की आस्था के प्रतीक लगभग 30-35 फुट के प्राकृतिक शिवलिंग (समुद्रतल से 6500 मी० ऊंचाई) के दर्शन कर सकते हैं। इस शिवलिंग की खास बात यह है कि यह दिन में कई बार सूर्य की स्थिति के अनुसार अपना रंग बदलता रहता है। यह बात इसके प्रति आकर्षण पैदा करती है।

राशन व्यवस्था

कल्पा कुछ महीने बर्फ की चादर ओढ़े रहता है। जिसके कारण यहां सड़क व अन्य रास्ते बंद हो जाते हैं। इस विकट परिस्थिति के चलते यहां सरकारी डिपुओं द्वारा पहले ही कुछ महीने का राशन लोगों को वितरित कर दिया जाता है।

खरीददारी

कल्पा के अलावा रिकांगपिओ बाजार खरीददारी के लिए सबसे बेहतर जगह है। यहां से आप पशमीना पारंपरिक शॉल, किन्नौरी टोपी, कोट के लिए शुद्ध ऊन से बनी पट्टी आदि के साथ यहां के ड्राइ फ्रूटस् जैसे खुबानी, बादाम, न्योजा, चुली, अखरोट तथा किन्नौरी सेब की खरीददारी कर सकते हैं। अब यदि आप किन्नौर आ ही चुके हों तो यहां की नमकीन चाय 'छाचा' पीना न भूलें।

तो फिर देर किस बात की है। आइए, चलते हैं कल्पा की वादियों में इसकी अनछुई खूबसूरती को निहारने।

सही समय

कल्पा घूमने का सही समय अप्रैल मध्य से लेकर अक्तूबर मध्य तक का है। इस दौरान भी प्राकृतिक आपदाओं के चलते मार्ग बंद होने का खतरा बना रहता है। जिसके लिए बेहतर होगा कि आने से पहले परिवहन निगम के कार्यालय से रोड़ का जायजा जरूर ले लें।

कैसे पहुंचें

पक्की सड़क की सुविधा के चलते कल्पा आप किसी भी वाहन द्वारा पहुंच सकते हैं। दिल्ली से कल्पा की दूरी 605 कि०मी०, चंडीगढ़ से 483 कि०मी० तथा शिमला से 204

कि०मी० है। नजदीक का रेलवे स्टेशन (244 कि०मी०) तथा हवाई अड्डा (267 कि०मी०) शिमला है। शिमला तक बने फोरलेन सड़क के चलते यह दूरी कुछ किलोमीटर कम हुई है।

कल्पा गांव का मनोरम दृश्य

कल्पा गांव की गली

बौद्ध अनुयायियों का पवित्र 'माने'

कल्पा से नजर आता किन्नर कैलाश शिवलिंग

कल्पा का एक कोना

किन्नौर के सेब

कोठी माता मंदिर

'सरयूल सर' की रोमांचकारी यात्रा

हिमाचल में ऐसी बहुत से हैरतअंगेज, दिलचस्प और रहस्य से परिपूर्ण स्थान हैं जहां तक पहुंच पाना अपने आप में रोमांच और साहस का परिचायक होता है। इसी कड़ी में एक नाम जुड़ जाता है कुल्लू घाटी के 'सरयूल सर' का। चण्डीगढ़-मनाली राष्ट्रीय राजमार्ग-21 के औट से 46 कि०मी० दूरी पर स्थित इस सर (झील) की यात्रा हमें ऐसे स्थानों से परिचित करवाती है जो प्राकृतिक सौंदर्य से तो लबालब है ही लेकिन अपने ऐतिहासिक और सांस्कृतिक महत्व के कारण भी जाने जाती है। इन क्षेत्रों के लोगों का रहन-सहन तथा अथक मेहनत से भरा जीवन हमें सदा कर्म करने की सीख दे जाता है। जलोड़ीजोत इस यात्रा का सबसे ऊंचाई पर बसा स्थल है। इस इलाके की खूबसूरती के आकर्षण के चलते यहां कई हिन्दी, पहाड़ी व अन्य फिल्मों तथा कई एलबमों की शूटिंग भी हो चुकी है।

अजूबे से कम नहीं है सरयूल सर

जलोड़ीजोत से 5 कि०मी० के जंगल के रास्ते का रोमांचकारी सफर हमें सरयूल सर के पास पहुंचाता है। सरु यानी ओलों से निर्मित होने के कारण इस सर का नाम सरयूल सर पड़ा है। सर का पानी हमेशा साफ और स्वच्छ रहता है। इस सर की सबसे ज्यादा हैरान करने वाली बात यह है कि यदि कोई पत्ता या अन्य गंदगी सर में गिर जाए तो चिड़िया आभी उसे अपनी चोंच में उठाकर सर से बाहर ले जाती है। ताजुब्ब की बात है कि सर के चारों ओर जंगल होने के बावजूद भी सर में कोई पत्ता नजर नहीं आता। लोगों का कहना है कि 'आभी' सिर्फ भाग्यशाली लोगों को ही दिखाई देती है। लेकिन मई 2016 के अंतिम सप्ताह में आनी (कुल्लू) के पत्रकार हरिकृष्ण शर्मा ने अपने कैमरे में 'आभी' को कैद किया है। इस चिड़िया का वैज्ञानिक नाम 'ग्रे वागटेल' है। यह चिड़िया ज्यादा बड़ी नहीं होती। इस चिड़िया की उड़ान को देखकर लगता है जैसे वह मस्त होकर हिलौरे खाती हुई नाच रही हो। समुद्रतल से लगभग 10300 फुट की ऊंचाई पर स्थित यह सर बाहरी व भीतरी सिराज के लोगों की आस्था व श्रद्धा का प्रतीक है। सर की परिधि वर्तमान

लगभग 400-500 मीटर ही रह गई है। यह पहले वहां तक थी जहां से लोग अब इस सर को देखने के लिए उतरना शुरू करते हैं।

बूढ़ी नागणी ने की थी सर की रक्षा

यहां एक किनारे पर माता बूढ़ी नागणी का छोटा-सा मंदिर है जो लोगों की आस्था का प्रतीक है। कहते हैं, माता ने बहुत वर्ष पहले उद्द नामक तांत्रिक से इस झील की रक्षा की थी। उद्द इस झील को अपनी तंत्र विद्या से सुखाना चाहता था। माता की मूर्तियों पर पूरे वर्षभर घी का लेप चढ़ा रहता है। यह इसलिए क्योंकि मनौती पूर्ण होने पर लोग मूर्ति पर घी चढ़ाते हैं। घी को सर के चारों ओर थोड़ा-थोड़ा गिराकर सर के फेरे भी लगाए जाते हैं। इस परंपरा के चलते झील के चारों ओर घी की चिकनाहट भी देखी जा सकती है। बूढ़ी नागणी को किसानों की देवी भी कहा जाता है क्योंकि किसान देवी से अपने दुधारु व अन्य पशुओं की रक्षा और उनके अच्छे स्वास्थ्य की प्रार्थना करते हैं। मनोकामना पूर्ण होने और दूध देने वाले पशुओं के बच्चा हो जाने पर वे दूध और घी देवी को समर्पित करते हैं। इस सर का पानी नागण गुशैनी स्थान पर भी निकलता है।

हल्की बारिश के साथ करता है स्वागत

इस सर से संबंधित एक खास बात और है। वह यह कि सच्चे मन से जब भी भक्तों की टोली यहां दर्शनार्थ आती है तो सर उनका हल्की-सी बारिश के साथ स्वागत करता है। एक अन्य हैरान कर देने वाली बात यह है कि यहां किनारे पर एक चट्टान के पास हर वर्ष अपने आप ही धान के कुछ पौधे सर के पानी में उग आते हैं। जिसे यहां के लोग खुशहाली का प्रतीक मानते हैं।

अन्य दर्शनीय स्थल

सरयूल सर के आस-पास अन्य दर्शनीय स्थल हैं जहां घूमना अपने आप में ही रोमांच व खूबसूरती का अहसास दिलाता है। इन इलाकों की सुंदरता को निहारने व रोमांच को जीने के बाद कोई भी व्यक्ति यहां बार-बार आना चाहेगा। तो आइए, बारी-बारी से इन इलाकों की घुमक्कड़ी पर चलते हैं।

खनाग

जलोड़ीजोत से आनी की ओर लगभग 4 कि०मी० दूर समुद्रतल से 2086 मी० की ऊंचाई पर स्थित है एक खूबसूरत गांव 'खनाग'। यह गांव कुल्लू और शिमला के बार्डर पर बसा है। इस इलाके की सुंदरता देखते ही बनती है। जानकारी बताती है कि इंग्लैंड की प्रसिद्ध लेखिका व ट्रैकर लेडी पैनेलोप चैटवोड इस इलाके की खूबसूरती की बेहद कायल थी। पैनेलोप के पिता ब्रिटिश शासनकाल (1930-35) में भारतीय सेना में कमांडर इन चीफ भी रहे थे। पैनेलोप ने

अपनी किताब में इस इलाके को स्कॉटलैंड जैसा सुंदर कहा है। 13 अप्रैल, 1986 में खनाग के नजदीकी गांव डीम में उनकी मृत्यु हो गई थी। उनकी स्मृति में बनी स्मरण पट्टिका पर हर वर्ष उनका परिवार इंग्लैंड से यहां पहुंचता है और मोमबत्तियां जलाकर पैनेलोप को याद करता है।

रघुपुरगढ़

जलोड़ीजोत से विपरीत दिशा की ओर आप लगभग 2 कि०मी० पहाड़ी रास्ते पर चलने के उपरांत एक ऐतिहासिक जगह रघुपुरगढ़ पहुंचते हैं। यह कुल्लू के राजाओं का गढ़ था। गढ़ की इमारतों के अवशेष इसके गवाह हैं। आज ये इमारतें खंडहर बन चुकी हैं। आप यहां ट्रैकिंग का लुत्फ उठा सकते हैं। ट्रैकिंग करते हुए आप यहां के प्राकृतिक नजारों को आत्मसात करते हुए इस इलाके के नैसर्गिक सौंदर्य को करीब से देख पाते हैं। यह आपको आत्मसंतुष्टि देता है। रघुपुरगढ़ तक का यह ट्रैक हमें एक नए अनुभव से रू-ब-रू करवाता है।

पनेउ

रघुपुरगढ़ से बाईं ओर लगभग 7 कि०मी० आगे चलने पर हम एक बेहद ही खूबसूरत गांव पनेउ पहुंचते हैं। पनेउ का प्राकृतिक सौंदर्य हमें अपने मोहपाश में बांध देता है। पंडित जवाहरलाल नेहरू भी इस इलाके की खूबसूरती को निहारने के लिए यहां खींचे चले आए थे। यहां अंग्रेजों के समय का विश्राम गृह भी है। यहां स्थित देव मंदिर लोगों की आस्था का प्रतीक है।

टकरासी

रघुपुरगढ़ से ही दाहिनी तरफ को यदि हम 5 कि०मी० आगे चलें तो एक अन्य प्यारी और सुंदर जगह टकरासी हमारे स्वागत में खड़ी मिलती है। अन्य इलाकों की भांति यहां भी आपको लोगों की सादगी और लोक संस्कृति अपनी ओर खींचेगी।

इन सभी स्थानों तक आप सड़क मार्ग द्वारा भी पहुंच सकते हैं। लेकिन पैदल यात्रा की खूबसूरती का जो अहसास आपके मानसपटल पर रहेगा उसकी बात ही कुछ और है।

कहां ठहरें

जलोड़जोत से लगभग एक किलोमीटर आगे सरयूल सर की तरफ कुछ वर्षों से फोरेस्ट कॉरपोरेशन के तत्वावधान में इको टूरिज्म के तहत बने नेचर कैंप में यात्री ठहर सकते हैं। ये कैंप अप्रैल से जुलाई-अगस्त तक विभाग द्वारा लगाए जाते हैं। कैंप पूरी आधुनिक सुख-सुविधाओं से सुसज्जित रहते हैं। यहां आप प्रकृति के बीच रहकर अपनी इस यात्रा को और भी खुशनुमा बना सकते हैं। इसके अलावा खनाग में ठहरने के लिए पी०डब्ल्यू०डी० का विश्राम गृह, पनेउ

और टकरासी में ठहरने के लिए जंगलात महकमे के विश्राम गृह उपलब्ध हैं।

कैसे जाएं

जलोड़ीजोत तक आप अपनी गाड़ी या बस द्वारा सफर कर सकते हैं। दिल्ली से जलोड़ीजोत की दूरी 530 कि०मी०, चण्डीगढ़ से 290 कि०मी०, पठानकोट से 295 कि०मी० तथा शिमला से जलोड़ीजोत की दूरी 230 कि०मी० है। जलोड़ीजोत के लिए सबसे नजदीक का हवाई अड्डा यहां से 70 कि०मी० की दूरी पर भुंतर है। सुविधाजनक रेलवे स्टेशन जोगिंद्रनगर व शिमला हैं।

❖

बर्फ में बूढ़ी नागणी मंदिर

सरयूल सर

बर्फ के दिनों में सरयूल सर

सरयूल सर का नजारा

पनेउ की खूबसूरती

पनेउ मंदिर

खनाग

जलोड़ीजोत

सरयूल सर और बूढ़ी नागणी मंदिर

देवीदहड़ : अनछुए सौंदर्य का पहरेदार

दुनिया में ऐसी बहुत सी जगहे हैं जो पर्यटकों से गुलजार रहती हैं। ये स्थल वे हैं जो विश्व पर्यटन मानचित्र में अपना स्थान बना चुके हैं। लेकिन बहुत से ऐसे अन्य स्थान भी हैं जिन्हें प्रकृति ने अपनी बेपनाह खूबसूरती से सजाया है और वे दुनिया की नजरों से ओझल हैं। ऐसे ही स्थानों में से एक है हिमाचल प्रदेश का देवीदहड़, जिसकी अनछुई खूबसूरती को देखने वाला उसका कायल हुए बिना नहीं रह पाता।

खजियार जैसा देवीदहड़

देवीदहड़ का नैसर्गिक सौंदर्य लोगों को इस कदर आकर्षित करता है कि एक बार यहां पहुंचने वाला बार-बार यहां आने की तमन्ना दिल में पाल लेता है। जिला मण्डी की ज्यूणी घाटी में स्थित यह छोटा-सा पर्यटक स्थल चम्बा जिले के खजियार के भौगोलिक परिवेश की याद दिला देता है। छोटी-सी ढलान पर बसा यह स्थल समुद्रतल से लगभग 7800 फुट की ऊंचाई पर स्थित है। इसे 'मीनी खजियार' की संज्ञा से भी नवाजा जाता है।

ज्यूणी घाटी

देवीदहड़ पहुंचने के लिए हम बग्गी नामक जगह से होते हुए चैलचौक पहुंचते हैं। थोड़ा-सा आगे चलकर गणेश चौक से सड़क दो हिस्सों में बंट जाती है। एक रास्ता जंजैहली घाटी के लिए मुड़ जाता है और दूसरा देवीदहड़ के लिए। जंजैहली एक बहुत ही खूबसूरत घाटी है। लेकिन हमें देवीदहड़ वाले रास्ते पर जाना है। देवीदहड़ जाते हुए हम कोट, शाला, जाछ, तुन्ना, धंग्यारा, जहल आदि छोटे-बड़े गांव से मिलते हुए जाते हैं। इन सभी गांव की खूबसूरती के तो क्या ही कहने! अपनी लोक संस्कृति व अपने ठेठ ग्रामीण परिवेश के चलते ये सब विशेष हैं। इन इलाकों की सादगी, रहन-सहन, शहर के शोर-शराबे से कोसों दूर इन शांत इलाकों की सैर मन को बड़ा सुकून देती है। सभी गांव ज्यूणी घाटी के अंतर्गत आते हैं। 'ज्यूणी घाटी' को हरा-भरा बनाए रखती है ज्यूणी खड्ड जो यहां की जीवनदायिनी है। यह पूरी घाटी बहुत ही ऊपजाऊ है।

सीढ़ीनुमा खेत यहां के सौंदर्य में चार चांद लगाते हैं। इन खेतों में हर वर्ष गेहूं, मक्की, धान आदि परंपरागत फसलें उगाई जाती हैं। वर्तमान की बात करें तो अब यहां लोग बहुतायत में नकदी फसल उगाने लगे हैं। आलू और मटर की फसल के लिए यह इलाका खूब जाना जाता है। यही नहीं, यह पूरा इलाका कई प्रकार की जड़ी-बूटियां भी अपने में समाहित किए है।

खूबसूरती का पर्याय देवीदहड़

देवीदहड़ पहुंचते हुए हम प्रकृति के बेहद हसीन नजारों को निहारते हुए आगे बढ़ते जाते हैं। लकड़ी से बने छोटे-छोटे पुल, पहाड़ी से प्रस्फुटित जलधाराएं, देवदार के जंगल, लहलहाते खेत, बड़ी-छोटी पहाड़ियां और उनमें बसा लोक का आकर्षण, मेहनतकश लोग जो अपनी दिनचर्या में पता नहीं कितनी ही बार इन चोटियों से उतरते-चढ़ते हैं, ढाठू को सर पर बांधे और पीठ पर पशुओं के लिए घास उठाए महिलाएं, ऐसे न जाने कितने ही अनछुए दृश्य आप यहां देख पाएंगे। यह सब आपको जहां असीम आत्मसंतुष्टि से भरता है वहीं ढेर सारा अनुभव भी दे जाता है। बेपनाह प्राकृतिक सौंदर्य के सम्मोहन को आत्मसात करते हुए जब हम देवीदहड़ पहुंचते हैं तो हम अपने आप को एक अलग ही दुनिया में पाते हैं। प्रकृति के स्नेह और एकांत में बसा तथा चारों ओर से देवदार के वृक्षों से घिरा यह स्थान बरबस ही हमें चंबा के खजियार की याद दिला देता है। पिछले कुछ वर्षों से देवीदहड़ एक प्रसिद्ध पर्यटन स्थल के रूप में दुनिया के समक्ष उभरा है। देश-विदेश से यहां खूब पर्यटक आने लगे हैं। सभी इन इलाकों की खूबसूरती को अपने कैमरों और मानसपटल में एक सुनहरी याद के रूप में बसा कर ले जाते हैं।

दिलचस्प कथा

जब हम देवीदहड़ पहुंचते हैं तो सबसे पहले माता मुंडासनी के दर्शन करते हैं। माता का मंदिर पेड़ रहित ढलानदार मैदान के बिल्कुल ऊपरी हिस्से में है। इस खूबसूरत मंदिर के भीतर माता की मूर्ति विद्यमान है। माता दूर्गा का रूप है। यह मंदिर विशेष तिथियों में ही खुलता है। माता से जुड़ी एक दिलचस्प कथा कही जाती है। कहते हैं, माता ने मुंड नामक राक्षस का वध किया था जिस कारण इन्हें माता मुंडासनी के नाम से पुकारा जाता है। मंदिर के साथ वाले इस ढलानदार मैदान के बनने के पीछे एक अन्य कथा लोकप्रिय है। कहते हैं, जब पांडव इस क्षेत्र में अज्ञातवास के दौरान मौजूद थे तो सत्तू का लड्डू पाने के लिए भीम ने दौड़ती एक राक्षसी पर अपनी गद्दा से वार किया तो राक्षसी उलझकर गिर पड़ी। संभलने के लिए उसका एक हाथ जोर से जमीन पर पड़ा जिस कारण इस मैदान का निर्माण हुआ। थोड़ा-सा नीचे जब आप जहल पहुंचेंगे तो वहां एक बड़ा गोल पत्थर भी है, जिसे उस राक्षसी का सत्तू कहा जाता है। बताते हैं, राक्षसी ने उस सत्तू को अपने मंत्रों से पत्थर का बना दिया था।

खास आकर्षण

यहां एक अन्य आकर्षण आपकी बाट जोहता है। यह आकर्षण है देवदार का वह विशालकाय पेड़ जिसके एक तने पर चार अन्य पेड़नुमा बड़े-बड़े तने उगे हुए हैं। यह पेड़ मंदिर के दाहिनी ओर स्थित है। इस पेड़ की संरचना सबको हैरान करती है। जब देव कमरुनाग कभी रूठ जाते हैं तो यहां आते हैं और इसी पेड़ के नीचे बैठ जाते हैं। कमरुनाग की बड़ी बहन माता मुंडासनी फिर कमरुनाग को मनाकर वापिस अपने स्थान पर भेज देती है। हर वर्ष यहां 11 से 15 अगस्त तक मेला लगता है जिसमें आस-पास के इलाकों के देवी-देवता, भारी संख्या में श्रद्धालु व पर्यटक पहुंचते हैं।

मानव निर्मित सुंदरता

पिछले कुछ वर्षों से देवीदहड़ में ग्रामीण विकास एवं पंचायती राज विभाग के तहत पर्यटन को बढ़ावा देने के लिए कई प्रकार के कृत्रिम मॉडल स्थापित किए हैं जो ऐसे स्थानों का आकर्षण खूब बढ़ा रहे हैं। यह योजना पर्यटकों को काफी आकर्षित कर रही है। इनमें कृत्रिम जानवर, बच्चों के प्यारे कार्टून, फाउन्टेन आदि प्रमुख हैं। यहां बनी एक छोटी-सी झील में आप वोटिंग का मजा ले सकते हैं।

रोमांच से भरे ट्रैक

रोमांच को जीने वाले हर व्यक्ति के लिए देवीदहड़ व इसके आस-पास के इलाके शानदार ट्रेकिंग स्पॉट हैं। इसके मुख्यतः दो ट्रैकिंग रूट हैं- जहल-देवीदहड़-शिकारी देवी तथा जाछ-जहल-कमरुनाग झील। दोनों ही रूट ट्रैकर्स को संतुष्टि प्रदान करते हैं। रोमांच को जीने वालों के लिए ये दोनों रूट बहुत ही महत्वपूर्ण हैं। इसके चलते पर्यटन के क्षेत्र में इसकी महत्ता और भी बढ़ जाती है।

अन्य आकर्षण

देवीदहड़ के नजदीक जो अन्य स्थान पर्यटकों को लुभाते हैं उनमें छोटी शिकारी, शिकारी देवी पर्वत, कमरुनाग झील, संपूर्ण जंजैहली घाटी, सरोआ माता मंदिर और धुमादेवी इलाके का सौंदर्य प्रमुख हैं। ये स्थल प्राकृतिक खूबसूरती के साथ रोमांच का एक नया अध्याय रचते हैं।

सही समय

अप्रैल से अक्टूबर तक का समय देवीदहड़ आने के लिए बहुत बढ़िया है। यह ठंडा इलाका है और सर्दियों में बर्फ से ढक जाता है। बर्फ पड़ने पर यहां जाना जान जोखिम में डालने जैसा है।

कहां ठहरें

मुंडासनी माता मंदिर के साथ ही वन विभाग का रेस्ट हाऊस है। साथ ही यहां निजी गैस्ट हाऊस, रेस्टोरेंट और ऐडवेंचरस कैंप भी हैं जहां पर्यटक आराम से ठहर सकते हैं।

कैसे पहुंचें

दिल्ली से सुंदरनगर से रास्ते देवीदहड़ की दूरी 415 कि०मी० तथा चंडीगढ़ से 184 कि०मी० है। जिला मुख्यालय मण्डी से इस रास्ते की दूरी लगभग 56 कि०मी० तथा सुन्दरनगर से 44 कि०मी० है। कुल्लू से आने वालों के लिए वाया पण्डोह का रास्ता भी सूट करता है। नजदीक का रेलवे स्टेशन जोगिन्द्रनगर (मण्डी) तथा हवाई अड्डा भुंतर (कुल्लू) है।

❖

माता मुंडासनी मंदिर व खुला मैदान

लकड़ी का पुल

ज्यूणी घाटी से गुजरते हुए

देवीदहड़

ठहरने के लिए कैंप

देवीदहड़ में बनी झील

देवीदहड़ में काम करता घराट

पेड़ों के बीच से नजर आता देवीदहड़ गांव

देवीदहड़ गांव

जयूणी घाटी का मनोरम नजारा

ज्यूणी घाटी

बर्फ़ में देवीदहड के सीढीनुमा खेत

उत्साह व रोमांच से सराबोर 'अटल टनल' यात्रा

यात्राएं हमेशा ही आलाह्दित करती हैं। ये मानव जीवन का अहम हिस्सा हैं। यात्राएं हमें अपने आप से मिलाती हैं। हमारी सोच, हमारे नजरिए, हमारी उम्मीद, हमारे लक्ष्य, हमारे कर्म, हमारे अंतर्मन, हमारी कल्पनाओं, हमारे रिश्तों, हमारी संवेदनाओं, हमारे सामाजिक दायरे को विस्तार देती हैं। हमें जीवन के मर्म को समझाती हैं। मुश्किल समय में जीने का अंदाज सिखाती हैं। वैसे मनुष्य रोज ही यात्राएं करता है, चाहे बड़ी या छोटी। सच माने तो यात्राओं के बिना जीवन अधूरा है।

शानदार सफ़र

आइए, आज इन्हीं यात्राओं में से एक 'अटल टनल' की यात्रा पर चलते हैं। यह खूबसूरत यात्रा इंजीनियरिंग के उस अनूठे नमूने को निहारना है जो खूब सारे रोमांचक स्थलों से होकर गुजरती है। जिला मण्डी से होकर हम इस यात्रा पर निकलते हैं। 990 मेगावाट बिजली की उत्पादन क्षमता लिए पंडोह बांध को निहारना बेहद सुखद लगता है। बांध से ही कुछ किलोमीटर पर बनी फोरलेन की चार सुरंगें हमें औट तक लेकर जाती हैं। इन सुरंगों ने इस सफ़र को आसान और रोमांचक बना दिया है। पहले यह सड़क पुराने राष्ट्रीय उच्च मार्ग-21 से होकर औट पहुंचती थी। साथ ही, ब्यास नदी के किनारे-किनारे चलते हुए मां हणोगी के दर्शन करवाती थी। औट से ही बंजार, जालोड़ीजोत, सरयूल सर, लुहरी, रामपुर के लिए सड़क मुड़ती है। औट के बाद पनारसा, टकोली आदि स्थानों से गुजरते हुए हम फोरलेन के रास्ते पर सफ़र का खूब आनंद लेते हैं। फोरलेन ने पहाड़ी रास्तों के सफर को आसान जरूर कर दिया है लेकिन इससे पर्यावरण का नुकसान भी कम नहीं हुआ है। प्रकृति के साथ ऐसी ही छेड़छाड़ का नतीजा हम हिमाचल में हर वर्ष देखते हैं। वर्ष 2023 में तो इसकी इन्तहां थी।

जरूर जाएं मुख्य कुल्लू

हम यदि मुख्य कुल्लू न जाएं और फोरलेन का ही रास्ता थामे रखें तो आप भुंतर के पास से ही हाथीथान नामक जगह से ब्यास को पार कर दूसरी ओर के फोरलेन पर आ जाते हैं। इस बाईपास से होते हुए वैष्णो देवी मंदिर के पास पुराने मनाली सड़क मार्ग पर दोबारा मिल जाते हैं। इस सड़क से हमारा समय बचता है। लेकिन यह भी क्या! आप मुख्य कुल्लू का दीदार ही न करें! मुख्य कुल्लू आप जरूर जाएं, चाहे सफ़र से वापसी पर या फिर जाते हुए ही। आपको यहां जाना अच्छा लगेगा। यदि दशहरे का समय हो तो कुल्लू का दशहरा जरूर देखें।

राफ्टिंग का रोमांच

प्रकृति के हसीन नजारों को निहारते हुए हमारा अटल टनल की ओर का सफ़र बहुत ही शानदार रहता है। जगह-जगह पर आप कुल्लू की लोक-संस्कृति की झलक भी देख पाते हैं। यह सब नज़ारे हमारी इस यात्रा में चार चांद लगाते हैं। आप जब इसी रास्ते चलते हुए क्लाथ पहुंचते हैं तो वहां आपकी मुलाक़ात गर्म पानी के चश्मों (तालाबों) से होती है। यह भूमि हमें कपिल मुनि और वशिष्ठ ऋषि की कहानी सुनाती है। आप चाहें तो मनाली के रास्ते किसी भी स्थान पर रुककर भोजन आदि का आनंद ले सकते हैं। यहां आपको कदम-कदम पर होटल, रेस्टोरेंट, ढाबा या अन्य दुकानें आपके इंतज़ार में मिल जाती हैं। आपका मन करे तो आप ब्यास की लहरों में राफ्टिंग का मजा भी ले सकते हैं। रायसन से बंदरौल प्रति व्यक्ति लगभग 600 रुपये शुल्क है। यह शुल्क समयानुसार कम या ज्यादा भी हो सकता है। ऐसे ही अन्य स्पॉट भी हैं जो आपको राफ्टिंग के भरपूर रोमांच को जीने का आमंत्रण देते हैं।

नग्गर जरूर होकर आएं

यदि आपके पास समय हो तो जाते या फिर यात्रा से लौटते हुए नग्गर जरूर होकर आएं। नग्गर कुल्लू रियासत की कई शताब्दियों तक राजधानी रही है। यही नहीं, नग्गर विश्व प्रसिद्ध चित्रकार निकोलस रोरिख की कर्मस्थली भी है। यहां आप नग्गर कैसल की भव्यता को भी निहार सकते हैं। साथ ही, रोरिख की कला, हिमालयन शोध संस्थान उरुस्वती और संग्रहालय के दर्शन भी कर सकते हैं।

खूबसूरती और रोमांच से मुलाक़ात

आगे का हमारा सफ़र हमें विश्व प्रसिद्ध पर्यटन स्थल मनाली से मुलाक़ात करवाता हुआ ऋषि वशिष्ठ की तपोस्थली वशिष्ठ से होता हुआ सोलंगनाला तक लेकर जाता है। मनाली में आप देवी हिडिंबा मंदिर तथा मनाली बाजार की रौनक में अवश्य शामिल होकर आएं। मनाली के नजदीक ही है वशिष्ठ। यह गर्म पानी के चश्मों व ऋषि वशिष्ठ की तपस्थली के लिए जाना

जाता है। मनाली से 13 कि०मी० दूर सोलंगनाला पैराग्लाइडिंग के लिए संसार भर में मशहूर है। यहां स्कीइंग व स्केटिंग के मजे भी लिए जा सकते हैं। यह यात्रा हमें प्रकृति के कई बेहद ही खूबसूरत स्थानों से रू-ब-रू करवाती है। सर्पीली सड़कें और खतरनाक मोड़, रोमांच का किस्सा साथ में लिए चलते रहते हैं। सोलंगनाला से पहले ही लाहौल-स्पीति जाने वाली उस सड़क का टर्निंग प्वाइंट भी है जो अटल टनल के बनने से पहले लाहौल-स्पीति जाने का एकमात्र रास्ता था। यह सड़क हमें रोहतांग पास के रोमांचकारी सफ़र से मुलाकात करवाती है। यही वह हिस्सा है जो बर्फ के चलते कई महीनों के लिए लाहौल-स्पीति को पूरी दुनिया से काट देता था। जनजीवन को अस्त-व्यस्त कर देता था। इसी रास्ते हमें ब्यास कुंड (ब्यास नदी का उदगम स्थल) के दर्शन भी होते हैं।

अटल टनल-एक सौगात

सोलंगनाला से अटल टनल की दूरी लगभग 15 किलोमीटर रह जाती है। ज्यों-ज्यों हमारी अटल टनल की दूरी कम होती जाती है त्यों-त्यों इंजीनियरिंग के इस अजूबे को देखने के लिए हमारी उत्सुकता के पंख बड़े होने लग जाते हैं। पहाड़ के कई मोड़ पार करते हुए हम प्राकृतिक सौंदर्य की जो खूबसूरती देखते हैं उसे शब्दों में बयान कर पाना मुश्किल है। ऊंचे-ऊंचे पहाड़, देवदार के घने जंगल और इसी बीच सर्पीली सड़क हमारे रोमांच को दुगुना कर देती है। इन्हीं पलों को जीते हुए हमारा समय बीतता जाता है और हम अटल टनल से कुछ दूरी पर होते हैं। वर्षों से देश ने जिस टनल का सपना देखा था, आज उसे हम भी देखने जा रहे होते हैं। मन बार-बार उस दृश्य को देखने के लिए लालायित हो उठता है। ...और फिर कुछ समय बाद हम उस स्थान पर होते हैं जो वर्तमान में जहां दुनिया भर के लोगों के आकर्षण का केंद्र है वहीं लाहौल-स्पीति के बाशिंदों के लिए एक बहुत बड़ी सौगात है।

इंजीनियरिंग का एक नायाब उदाहरण

अब हमें सामने दिख रहा होता है 9.02 कि०मी० लंबी अटल टनल का मुहाना जो इंजीनियरिंग का एक नायाब उदाहरण है। समुद्रतल से लगभग 10040 फीट पर बनी यह दुनिया की सबसे लंबी सड़क सुरंग है। यह टनल वह सपना था जो लाहौलवासी सदियों से देखते आए हैं। यह टनल उनके मुश्किल दिनों में राहत देती है। जहां वर्ष के अंत तक आते-आते ये लोग देश-दुनिया से हर वर्ष कई महीनों के लिए कट जाते थे वहीं आज वे पूरे वर्ष भर के लिए देश-दुनिया से जुड़े रहते हैं। अब किसी बीमार को ले जाने के उस मुश्किल ख्याल से नहीं डरते, किसी हेलीकॉप्टर का इंतजार नहीं करते, पूर्व जीवन की उस जद्दोजहद से नहीं गुजरते, इस बर्फ की सफ़ेद चादर से नहीं घबराते, किसी जरूरत के लिए लंबे समय तक प्रतीक्षारत नहीं रहते। ये लोग

भी बहुत हद तक उस आम जनजीवन के समकक्ष खड़े होते हैं। विशेष बात यह कि इस टनल ने लेह का रास्ता भी आसान बना दिया है।

ऐसे हुआ टनल का सपना सच

बात 1972 की है। लाहौल-स्पीति की विधायक लता ठाकुर ने जब बर्फ के कारण लोगों की कई महीनों की कैद का ज़िक्र तात्कालिक प्रधानमंत्री इंदिरा गांधी जी से किया तो इंदिरा जी ने इस टनल को बनाने की बात कही। समय बीतता रहा। फिर एक वह दिन भी आया जब लाहौल निवासी टशी दावा उर्फ़ अर्जुन गोपाल ने इस सपने की बात को प्रधानमंत्री अटल बिहारी वाजपेयी तक पहुंचाया। जून 2000 को अटल जी ने केलांग पहुंचकर इस टनल के निर्माण की विधिवत घोषणा कर दी। जून 2010 में सोनिया गांधी जी ने टनल का शिलान्यास किया। फिर 3 अक्टूबर, 2020 का वह दिन भी आया जब प्रधानमंत्री नरेंद्र मोदी जी ने इस टनल को जनता को सौंप दिया। यह पूरे भारत के लिए एक ऐतिहासिक दिवस था। देश की सुरक्षा की दृष्टि से भी यह टनल बहुत महत्वपूर्ण है।

टनल के भीतर का रोमांच

हम जब 9.02 किलोमीटर लंबी इस टनल के भीतर प्रवेश करते हैं तो हम एक अलग ही रोमांच से भर जाते हैं। ऐसा लगता है मानो हम किसी दूसरी दुनिया में हों। एक अलग ही शानदार एहसास हमें अपने मोहपाश में बांध रहा होता है। इतना लंबा जमीन के भीतर के सड़क मार्ग का सफर हम लगभग पहली बार कर रहे होते हैं। इसके भीतर सभी गाड़ियां बड़े ही तरतीब से अंदर-बाहर आ-जा रही होती हैं। टनल के भीतर ढेरों बल्बों की रोशनी की जगमगाहट एक अलग ही आनंद परोसती हैं। टनल की सुरक्षा के मद्देनजर दोनों ओर बीएसएफ के जवान तैनात रहते हैं। लगभग 20 मिनट के बाद जैसे ही हम टनल के दूसरी ओर निकलते हैं तो एक अलग ही दुनिया हमारे इंतजार में खड़ी मिलती है। यह दुनिया है दुर्गम इलाकों से भरे लाहौल-स्पीति की, जहां जाने के लिए लोग हजार बार सोचते थे लेकिन जाने का फिर भी तय नहीं कर पाते थे।

सिस्सु की अनछुई खूबसूरती

इस दूसरे मुहाने का नजारा बहुत ही खूबसूरत है। यह एक अलग ही दुनिया है। चारों ओर बर्फ ही बर्फ और यहां कलकल बहती चंद्रा नदी, जिस पर बना पुल हमें सिस्सु की ओर आगे बढ़ने का इशारा करता है। आप यदि अटल टनल देखने आए हैं तो सिस्सु जरूर होकर आएं। सिस्सु की ख़ास बात यह है कि यह लाहौल-स्पीति तथा लद्दाख का प्रवेशद्वार कहलाता है। टनल से सिस्सु मात्र 11 किलोमीटर की दूरी पर है। सिस्सु का पूरा रास्ता ही हमें सम्मोहित करता है। सबसे पहला सम्मोहन है सड़क के साथ दोनों ओर पापलर के पेड़ों की तरतीब पंक्तियां। ये वही पेड़ हैं जिनके पतझड़ के

मौसम से पहले हरे-पीले पत्ते एक ऐसी खूबसूरत आभा बिखेरते हैं कि मन करता है यहीं ठहर लिया जाए। थोड़ा आगे बढ़ते हैं तो सड़क से नीचे की ओर आपको छोटी-सी बेहद खूबसूरत सिस्सु झील दिखती है। थोड़ा समय इसके सानिध्य में बिताना अच्छा लगता है।

चंद्रा नदी और सिस्सु का खुला मैदान

जब हम सिस्सु पहुंचते हैं तो एक बड़ा-सा खुला मैदान हमारा इंतजार कर रहा होता है। एक क्रिकेट स्टेडियम से ज्यादा जगह पर फैला हुआ यह मैदान चंद्रा नदी के साथ स्थित है। सामने के पहाड़ ज्यादातर समय बर्फ से लदकद रहते हैं। मैदान के एक किनारे छोटी-छोटी खोखानुमा दुकानों से आप चाय, कॉफ़ी व भोजन के साथ अन्य खाने का सामान, गर्म कपड़े आदि जरूरत का सामान खरीद सकते हैं, चारों ओर फैले बर्फ को निहार सकते हैं, मन हुआ तो खेल सकते हैं। यदि स्नो स्कूटर चलाने का मन करे तो किराए पर लेकर इस मैदान पर इसे दौड़ा सकते हैं। यदि किसी रोमांच से मन न भरा हो तो एक किनारे से रोप-वे के जरिए चंद्रा नदी को पार कर पहाड़ी की बर्फ में घूम सकते हैं। बर्फ की कई आकृतियां बना सकते हैं। पूरे रोमांच को जी सकते हैं। ट्रैकर्स के लिए यहां के सभी इलाके उनकी पसंद के हैं। शाम होते-होते यहां मौसम बहुत ठंडा हो जाता है।

सच कहें तो अटल टनल की हमारी यह यात्रा कभी न भूलने वाली यात्रा बन जाती है। यह यात्रा हमें दुर्गम क्षेत्र की कई अनसुनी जटिलताओं का एहसास करवाती है। और अटल टनल इन जटिलताओं से जूझने का हौसला देती है। यह यात्रा सभी में एक नया उत्साह भरती हुई कभी न भूलने वाली यात्रा बन जाती है।

कब जाएं

इस यात्रा के लिए सही समय मार्च अंत से नवंबर मध्य का है। लेकिन फिर भी चलने से पहले मौसम का मिजाज जानने के बाद ही यात्रा पर निकलें।

कहां ठहरें

इस यात्रा में जब आप कुल्लू-मनाली के आसपास हैं तो आपको ठहरने की कोई भी चिंता करने की आवश्यकता नहीं रहती। यदि आप सिस्सु में हैं तो आपको वहां सभी सुविधाओं से सुसज्जित होटल, अपार्टमेंट, होम स्टे के साथ विभिन्न कैंप भी रहने को मिल जाते हैं।

कैसे पहुंचें

दिल्ली से अटल टनल की दूरी 595 कि०मी०, चंडीगढ़ से 300 कि०मी० और शिमला से 263 कि०मी० है। नजदीक का हवाई अड्डा भुंतर (76 कि०मी०) तथा रेलवे स्टेशन जोगिंदरनगर (175 कि०मी०) है।

❖

अटल टनल दाखिला गेट

टनल के दूसरी ओर पेड़ों की खूबसूरत पंक्तियां

सिंस्सु का मैदान

पंडोह डैम

सिंस्सु मैदान के साथ बहती चंद्रा नदी

ब्यास नदी के किनारे का क्षेत्र

मनाली के पास हॉट एयर बलून

अटल टनल का लाहौल की तरफ वाला हिस्सा

ब्यास नदी का एक नजारा

ब्यास नदी के दूसरी ओर कुल्लू

अटल टनल का सिस्सु की ओर का नजारा

क्लाथ के पास का झूला पुल

सिस्सु गांव

सोलंगनाला में दुकानें

कुल्लू में सड़क के किनारे होर्डिंग

स्थान व दूरी दर्शाता होर्डिंग

अटल टनल के लिए जाते हुए
सड़क टनल

टनल का भीतरी दृश्य

अटल टनल जाते हुए पंडोह डैम के ब्यास पर बना पुल

पर्यटकों के इंतजार में खड़े पास स्नो स्कूटर (सिस्सु)

बर्फ में जमी सिस्सु झील

राफ्टिंग का आनंद लेते पर्यटक

मण्डी की खूबसूरत झीलें

मण्डी से मुलाकात

हिमाचल प्रदेश का मण्डी जिला पर्यटन की दृष्टि से हिमाचल में एक महत्वपूर्ण स्थान रखता है। इसका हर कोना हर लिहाज से प्राकृतिक सौंदर्य से लदा पड़ा है। इसकी सुंदरत्तम घाटियों में जंजैहली घाटी, बरोट, बल्हकमरुघाटी, करसोग व ज्यूणी आदि घाटियों का नाम शुमार है। इसकी सुंदरता की शुरूआत जिला मुख्यालय से ही हो जाती है। मण्डी शहर में ही एक साथ सैकड़ों शिव मंदिरों के कारण इसे 'छोटी काशी' के नाम से भी जाना जाता है। इसे 'पहाड़ का वाराणसी' भी कहा जाता है। राजधानी शिमला के उत्तर में समुद्रतल से लगभग 1044 मी० की ऊंचाई पर स्थित मण्डी शहर की स्थापना अजबर सेन ने 1527 ई० में की थी। 20 वीं सदी के मध्य तक यह व्यापार का केन्द्र बिन्दु रहा। होशियारपुर से लद्दाख, बैजनाथ से सुलतानपुर (कुल्लू) तक खच्चर मार्ग मण्डी से होकर ही जाता था, जहां से व्यापार की हर कड़ी जुड़ती थी। ब्यास नदी पर 1877 ई० में बना पुल इस बात की गवाही आज भी देता है। इस पुल पर चलना अपने आप में एक खुशनुमा अहसास है।

मण्डी शहर के इंदिरा मार्केट के बीच स्थित घंटाघर राजा सिद्धसेन द्वारा धोखे से की गई अपने बहनोई पृथ्वीपाल की हत्या की कहानी कहता है। इसमें लगी प्राचीन घड़ियां लोगों को विशेषतौर पर आकर्षित करती हैं। इसकी सुंदरता मण्डी की खूबसूरती में चार चांद लगाती है। शहर में सदियों पुराने मंदिर हैं जिनमें भूतनाथ, पंचवक्त्र महादेव, त्रिलोकीनाथ व अर्धनारीश्वर मंदिर आदि कई मंदिर हैं। ये मंदिर लोगों की आस्था और श्रद्धा के प्रतीक हैं। जिला कुल्लू की सीमा से लगता यह जिला पर्यटन की दृष्टि से बेहद महत्त्वपूर्ण है। यहां से गुजरने वाले हर प्रकृति प्रेमी जो कुल्लू-मनाली की ओर भी जा रहे होते हैं, उन्हें इसकी खूबसूरती का अहसास स्वतः ही हो जाता है। और फिर उनका मन इन्हीं हसीन वादियों को निहारने और इसमें खो जाने को करता है।

परंतु यदि हम मण्डी के इन सुंदरत्तम इलाकों को एक तरफ करके यहां स्थित झीलों की बात करें तो आप एक अलग ही सौंदर्य में खो जाएंगे। ये झीलें अपनी-अपनी विशेषताओं के दम पर आगंतुकों को आस्था और रोमांच से पूरी तरह सराबोर कर देती हैं। आज ये झीलें भारत के पर्यटन मानचित्र में अपनी दमदार दस्तक दे चुकी हैं। जिन्हें एक बार निहारने के पश्चात हर कोई इनका दीवाना हो जाता है। तो आइए, बारी-बारी से इन झीलों की सैर पर चलते हैं।

रिवालसर झील

यह झील तीन धर्मों हिन्दू, बौद्ध और सिखों का साझा तीर्थस्थल है। इस झील में रंग-बिरंगी बेशुमार मछलियां हैं जिन्हें यहां पहुंचने वाला हर श्रद्धालु चारा डालकर पुण्य कमाता है। इस क्षेत्र में आदिकाल से हिन्दू धर्म काफी फला-फूला है। यहीं पर बौद्ध गुरु पदमसंभव ने बौद्ध धर्म की आधारशिला रखी। सिखों के दसवें गुरु, गुरु गोविंद सिंह के चरण इस धरा पर पड़ने से यह स्थल और भी महत्वपूर्ण बन गया। यहां एक गुरुद्वारा भी है। झील के साथ ही चिड़ियाघर भी है जो हर समय लोगों के आकर्षण का केन्द्र बना रहता है। यहां बैसाख के पहले प्रविष्टे को तीनों धर्मों के लोग सामुहिक स्नान करते हैं। रिवालसर की इसी पहाड़ी पर बौद्ध गुरु पदमसंभव की कई फुट ऊंची विशाल प्रतिमा भक्तों को अपनी ओर आकर्षित करती है। झील से लगभग 7 कि०मी० दूर इसी पहाड़ी पर सड़क के किनारे आपको छोटी-छोटी गुफाएं नजर आ जाती हैं जिन्हें निहारने का अपना ही एक सुख है। ये गुफाएं बौद्ध भिक्षुओं की साधना का स्थल हैं। गुफा में आपको पदमसंभव की उस विशाल प्रतिमा के दर्शन होते हैं जिसे गुफा के पत्थर पर उकेरा गया है। यहां हर वक्त बौद्ध भिक्षु शांत मुद्रा में किसी से बातचीत किए बिना भगवान की भक्ति में लीन रहते हैं। यहां का शांत वातावरण हमें थोड़ी देर के लिए दुनिया के शोर-शराबे से कोसों दूर कहीं एकांत में ले जाता हैं।

कुंतभयो झील

बौद्ध अनुयायियों की इन्हीं गुफाओं से थोड़ा पीछे ही आपको नीले-हरे पानी की एक अन्य झील नजर आती है, जहां थोड़ी देर जरूर रूकने का मन करता है। यह झील 'कुंतभयो' के नाम से चर्चित है। लोगों के कथनानुसार, जब माता कुंती को प्यास लगी तो अर्जुन ने अपने तीर से पानी के स्त्रोत का निर्माण किया और माता कुंती की प्यास बुझाई। इसलिए इस झील का नाम 'कुंतभयो' पड़ा है। इस स्त्रोत के लगातार बहते पानी ने इस झील का निर्माण किया है। कहते हैं, इसी झील का ही पानी है जो रिवालसर झील का निर्माण करता है। यहीं से एक किलोमीटर दूर ऊपर पहाड़ी पर माता नैना देवी का मंदिर है जहां दूर-दूर से लोग आकर शीश नवाते हैं। रिवालसर झील मण्डी मुख्यालय से लगभग 24 कि०मी० की दूरी पर समुद्रतल से 1360 मीटर

की ऊंचाई पर स्थित है। यहां आप पूरे वर्षभर कभी भी जा सकते हैं।

पराशर झील

पराशर झील को निहारना अपने आप में ही एक सुखद अनुभव है। यह झील रोमांच का पर्याय है। 2730 मीटर की ऊंचाई पर मण्डी से 49 कि०मी० की दूरी पर उत्तर-पूर्व दिशा में बसी यह झील पराशर ऋषि को समर्पित है। इसका निर्माण तब हुआ जब पराशर ऋषि ने जमीन पर अपना गुर्ज दे मारा। गुर्ज के जमीन के अंदर जाते ही पानी की धारा प्रस्फूटित हुई और देखते ही देखते इस जलधारा ने झील का रूप धारण कर लिया। लेकिन हैरान करने वाली बात यह थी कि जिस जमीन के टुकड़े पर ऋषि विराजमान थे, उसे पानी की एक भी बूंद भीगो नहीं पाई। यह वृताकार टुकड़ा आज भी झील के ऊपर समय के अनुसार एक कोने से दूसरे कोने में तैरता रहता है। इसकी मौजूदगी झील की खूबसूरती में और भी निखार ले आती है। झील के साथ ही है तीन मंजिला ऋषि पराशर का पैगोड़ा शैली में बना सुंदर मंदिर। जिसके बारे में कहा जाता है कि पास के गांव के एक छः महीने के छोटे से बच्चे ने ऋषि के आदेशानुसार इसका निर्माण आरंभ किया था जो 18 वर्ष के बाद पूरा हुआ।

बुजुर्गों के कथनानुसार, एक और बात हैरान करती है। वह यह कि इतने बड़े इस मंदिर को देवदार के सिर्फ एक ही पेड़ से बनाया गया है। सदियों से लोगों की श्रद्धा और आस्था इस मंदिर और झील के साथ जुड़ी हुई है। यह पूरा क्षेत्र लोगों को अपने सम्मोहन में बांध देता है। स्कूल व कॉलेज के विद्यार्थियों के साथ-साथ अन्य लोगों का भी यह पसंदीदा पिकनिक स्पॉट है। ट्रेकर्स की भी यह एक मनपसंद जगह है जो उन्हें रोमांच से भर देती है। इसी स्थान पर एक विश्रामगृह भी है जहां आप रुककर तसल्ली से इन हसीन वादियों के नज़ारे अपनी आंखों के साथ अपने कैमरे में कैद कर सकते हैं। यहां आने का सही समय अप्रैल से जून तथा अक्तूबर अंत तक बर्फ पड़ने पहले का है। फिर भी, यदि आप रोमांच और इस जगह की अनछुई खुबसूरती का सही मायने में आनंद लेना चाहते हैं तो बर्फ पड़ने के बाद इस जगह की ट्रैकिंग पर जाएं। उस वक्त इस क्षेत्र की खूबसूरती का आपको एक ऐसा पहलु नजर आता है जिसका दीदार अभी तक चंद लोग ही कर पाए होंगे। लेकिन ख्याल यह भी रखें कि बर्फ के समय यह ट्रेकिंग जान-जोखिम में डालने वाली भी हो सकती है।

कमरुनाग झील

समुद्रतल से 3334 मीटर की ऊंचाई पर मण्डी से 62 कि०मी० दूर मण्डी-करसोग सड़क मार्ग पर रोहांडा नामक से 6 कि०मी० की पैदल खड़ी चढ़ाई चढ़ने के उपरांत हमें इस खूबसूरत झील के दर्शन होते हैं। यह झील देव कमरुनाग को समर्पित है। देव कमरुनाग के बारे में बहुत ही

दिलचस्प कथा कही जाती है। अपने अगले जन्म में देव कमरुनाग बलशाली राजा रत्न यक्ष के रूप में अवतरित हुए। महाभारत का युद्ध चल रहा था। एक घटनाक्रम के चलते उन्होंने भगवान श्रीकृष्ण की इच्छा का आदर करते हुए महाभारत का सारा युद्ध बांस के एक ऊंचे डंडे पर अपना कटा हुआ सिर रखकर देखा। कमरुनाग की 'वर्षा के देवता' के रूप में मान्यता है।

हर वर्ष हजारों ट्रैकर्स झील के इस रास्ते को नापते हैं और प्रकृति को करीब से निहारने के साथ-साथ रोमांच के पलों को कैद करके ले जाते हैं। इस झील की सबसे खास बात यह है कि लोग मन्नत पूरी होने पर या देवता के दर्शनों के पश्चात इस झील में सोना, चांदी, सिक्के व नोट फेंकते हैं। यह रीत सदियों से चली आ रही है। यहां आप अप्रैल से जुलाई मध्य और सितंबर से बर्फ पड़ने से पहले तक आरामदायक परिस्थितियों में जा सकते हैं। हालांकि ट्रैकर और घुमक्कड़ी के शौकीन यहां बर्फ पड़ने के बाद जाना ज्यादा पसंद करते हैं जो खतरनाक हो जाता है।

सुंदरनगर झील

यह झील मण्डी जिला मुख्यालय से 25 कि० मी० की दूरी पर चण्डीगढ़-मनाली राष्ट्रीय उच्च मार्ग-21 के साथ सुंदरनगर में स्थित है। अन्य झीलों की तरह यह कोई धार्मिक झील नहीं है। यह झील बी०बी०एम०बी० (भाखड़ा ब्यास मैनेजमेंट बोर्ड) प्रोजेक्ट द्वारा निर्मित पण्डोह बांध से सुरंग द्वारा लाए गए ब्यास नदी के पानी के कारण बनी है। इस स्थान से फिर ब्यास नदी का पानी सुरंग द्वारा सलापड़ तक पहुंचाया जाता है जहां ब्यास नदी का पानी सतलुज नदी में मिलता है। यहीं पर 990 मेगावाट बिजली क्षमता वाले इस प्रोजेक्ट द्वारा बिजली का उत्पादन किया जाता है। यह झील सड़क के साथ होने के कारण हर आने जाने वाले पर्यटकों के लिए हर समय आकर्षण का केन्द्र बनी रहती है। पर्यटक इसकी खूबसूरती को अपने कैमरे में जरूर कैद कर ले जाते हैं। झील के साथ ही है शुकदेव वाटिका जो शुकदेव ऋषि की तपस्थली है। इसकी सुंदरता तो देखते ही बनती है। इसी वाटिका के एक कोने में वह गुफा है जहां से रोजाना शुकदेव ऋषि गंगा स्नान के लिए जाते थे। लगभग दो किलोमीटर के घेरे में सिमटी इस झील के किनारे स्थानीय लोग जहां सुबह-शाम की सैर का आनंद उठाते हैं वहीं इस झील से आने वाली ठंडी-ठंडी हवाओं के बीच दो घड़ी बैठकर लोग अपनी दिनभर की थकान को मिटाते हैं। यह झील सुंदरनगर की शान है। इस झील में नौकायन व्यवस्था होती तो यहां का पर्यटन अपने शीर्ष पर होता। लेकिन प्रोजेक्ट की सुरक्षा को देखते हुए इसकी इजाजत नहीं है।

मण्डी की शिवरात्रि

मण्डी का शिवरात्रि पर्व विश्वविख्यात है। 7 दिन तक चलने वाले इस मेले की शुरूआत हर वर्ष फाल्गुन मास के कृष्ण पक्ष के 13वें प्रविष्टे से होती है। इसमें हर वर्ष 250 से 300 के

लगभग देवी-देवता शरीक होते हैं। पहले दिन की जलेब से लेकर मेले की समाप्ति तक इस मेले को निहारना स्वयं को एक सुखद अहसास और भक्ति भावना से सराबोर कर देना है। विश्व भर से लोग इस मेले में आकर इसकी शोभा बढ़ाते हैं। मेले के दौरान चलने वाले सांस्कृतिक कार्यक्रम निश्चय ही यहां की विविध संस्कृति को दर्शाने के साथ-साथ लोगों का खूब मंनोरंजन भी करते हैं।

कुछ खास और भी

मण्डी के साथ ही जिला कुल्लू की सीमा लगती है। मण्डी से कुल्लू मुख्यालय की दूरी 54 कि०मी० है। फोरलेन के चलते यह दूरी और भी कम हो गई है। तो इसका सीधा-सा अर्थ यह हुआ कि आप यदि मण्डी आए हों और दशहरा भी नजदीक हो तो आप बड़े आराम से कुल्लू के अंतराष्ट्रीय दशहरा उत्सव का भी आनंद ले सकते हैं। यहां दशहरा एक अलग ही अंदाज में मनाया जाता है। यह अन्य दशहरों से बिल्कुल अलग है। इसमें रावण, मेघनाथ व कुंभकरण के पुतले नहीं जलाए जाते बल्कि इसका आगाज यहां के देव भगवान रघुनाथ जी की जलेब यात्रा से शुरू होता है। इसमें घाटी के सभी देवी-देवता शामिल होकर इसे पूर्ण करते हैं। सप्ताह भर चलने वाले इस उत्सव में आप कुल्लू की समृद्ध सांस्कृतिक धरोहर को करीब से निहार सकते हैं। कहने का तात्पर्य यह है कि मण्डी आने पर आप कुल्लू-मनाली के बिल्कुल ही नजदीक पहुंच जाते हैं। जिस कारण आप यहां की विश्व प्रसिद्ध वादियों में विचरण कर अपनी यात्रा को पूर्णता प्रदान कर सकते हैं।

मण्डी के इन पर्यटन स्थलों की सूची यहीं पर ही समाप्त नहीं हो जाती है। यह फेहरिस्त काफी लंबी है। मण्डी में ढेरों और भी पर्यटन स्थल हैं जो अनछूए से, अपनी खूबसूरती से लबरेज हैं। इसके लिए हमें बस इतना करना है कि कुछ समय निकाल कर मण्डी आने का कार्यक्रम बनाना है और प्रकृति के हसीन नजारों से रू-ब-रू होना है।

क्या-क्या ले जाएं

यदि आप पराशर या कमरुनाग झील की योजना बना रहे हों तो अपने साथ खाने के सामान के साथ पानी भी अवश्य रख लें। इसके अलावा, गर्म कपड़े भी साथ में रखें क्योंकि गर्मी में भी जरा-सी बारिश आपको सर्दी के मौसम की याद दिलाने के लिए काफी है।

कैसे पहुंचें

दिल्ली से मण्डी की दूरी लगभग 438 कि०मी०, चण्डीगढ़ से 165 तथा शिमला से 137 कि०मी० है। यहां के लिए दिन-रात बस सुविधा है। मण्डी से नजदीक का रेलवे स्टेशन जोगिन्द्रनगर है, जिसकी यहां से दूरी 50 कि०मी० है। कुल्लू जिले का भुंतर हवाई अड्डा यहां का सबसे नजदीक का हवाई अड्डा है जो मण्डी से लगभग 47 कि०मी० की दूरी पर स्थित है।

❖

परासर झील बर्फ के दिनों में

परासर झील बरसात के दिनों में

कुंतभयो झील

कुंतभयो झील में मछलियों के साथ खेलते बच्चे

कमरुनाग झील

रिवालसर झील

सुंदरनगर झील (इंटरनेट से साभार)

कुंतभयो झील के पास बौद्ध भिक्षुओं की पवित्र गुफाएं

मंडी शहर और घंटाघर

आस्था और रोमांच का संगम 'किन्नर कैलाश'

हिमाचल में यात्राओं का अपना ही रोमांच है। यदि ये यात्राएं रोमांच के साथ-साथ धार्मिक आस्था से ओत-प्रोत हों तो सोने पे सुहागा जैसी बात हो जाती है। पूरे साल भर अपने उफान में रहने वाली इन यात्राओं में कुछ एक ऐसी यात्राएं हैं जिन्हें तय कर पाना हर किसी के बस की बात नहीं है। इन यात्राओं को वही शख्स पूरा कर सकता है जिसके पास गूढ़ आस्था, बुलंद हौसला, प्रकृति से प्रेम और कुछ कर दिखाने का जज्बा हो तथा जो रोमांच के पलों को जीने की तमन्ना रखता हो। ऐसी ही कठिन धार्मिक यात्राओं में से एक है 'किन्नर कैलाश यात्रा'। जी हां, हम उस यात्रा की बात कर रहे हैं जो हमें एक अनोखे प्राकृतिक शिवलिंग के दर्शन करवाती है। यह शिवलिंग 30-35 फुट ऊंचा है और हिमाचल का सबसे ऊंचाई वाला धार्मिक स्थल है। यह शिवलिंग किन्नौर के लोगों की अटूट श्रद्धा व आस्था का प्रतीक है। तो आइए, चलते हैं इस बेहद कठिन, रोमांचकारी और पवित्र यात्रा पर।

यात्रा की शुरूआत

हिमाचल प्रदेश के जिला किन्नौर के मुख्यालय रिकांगपियो से लगभग 5 कि०मी० नीचे पोवारी नामक स्थान से आप इस यात्रा की शुरूआत करते हैं। पोवारी से गणेश पार्क और फिर उस चट्टान वाली गुफा तक पहुंचना होता है जहां रात को यात्री ठहर सकते हैं। यह चट्टान पोवारी से लगभग 10-12 किलोमीटर की दूरी पर किन्नर कैलाश की आधी ऊंचाई पर है। इसके बाद पार्वती कुंड आता है जो गुफा से लगभग डेढ़-दो किलोमीटर की दूरी पर है। पार्वती कुंड से किन्नर कैलाश शिवलिंग की दूरी लगभग अढ़ाई किलोमीटर खड़ी ऊंचाई की ओर है।

रोमांच का सफर

पोवारी से आपको उफनती सतलुज नदी को पार करना होता है। इसे झूले द्वारा पार किया

जाता है। यहीं से ही इस यात्रा का रोमांच शुरू हो जाता है। झूला आपको तंगलिंग गांव की सरहद तक पहुंचाता है। अब थोड़ा आगे पुल का निर्माण भी हो चुका है। यदि आप चाहें तो पुल द्वारा भी तंगलिंग पहुंच सकते हैं। तंगलिंग गांव किन्नर कैलाश पर्वत श्रृंखला की तलहटी पर बसा एक सुंदर गांव है। सेब, चूली, खुबानी, बादाम, न्योजे आदि फलों से भरपूर इस गांव से होते हुए जब हम थोड़ा ऊपर पहुंचते हैं तो सांस यहीं से फूलने लग जाती है। घर वापिस आने को मन करता है। लेकिन अटूट आस्था हमारे कदमों को विराम नहीं लगने देती। तंगलिंग गांव के आगे और कोई गांव या घर नहीं है।

यात्रा का दूसरा पड़ाव वह खड़ी पहाड़ी

तंगलिंग गांव से आगे की यात्रा एक सुनसान जंगल से होकर गुजरती है। यह एक खड़ी पहाड़ी पर है। इस चढ़ाई को चढ़ने से पूर्व अपने साथ इसी पहाड़ी की तलहटी से पानी साथ लेकर चलें क्योंकि इस पहाड़ी की यात्रा में आपको फिर कहीं पानी नहीं मिलेगा। हा, यह आपकी खुशनसीबी होगी यदि कोई स्वयं सेवी संस्था यात्रियों की सुविधा के लिए वहां रुकी हो तो। 5-6 घंटे की इस बेहद थका देने वाली यात्रा के बाद जब आप इस पहाड़ी के शीर्ष पर पहुंचते हैं तो यहां का हसीन नजारा आपको अपने आकर्षण में बांध लेता है। इस स्थान को 'गणेश पार्क' कहा जाता है। आपको यहां पर एक हल्की मैदानी जगह मिल जाती है। आप यहां थोड़ी देर रुककर अपनी थकान को मिटा सकते हैं। तय समय में की जाने वाली यात्रा में यहां आपको स्वयं सेवी संस्थाओं या अन्य सेवा कर्मियों के कुछ टैंट भी दिख सकते हैं। इस खड़ी पहाड़ी पर चढ़ते हुए हमें कई तरह की वनस्पति के दर्शन होते हैं। बर्फ पिघलने के बाद उग आई यह वनस्पति जब यात्रियों के कदमों के नीचे पिसती जाती है तो यह एक अजीब-सी गंध छोड़ती है। यह गंध किसी का भी सिर चकरा सकती है। ऐसी स्थिति में थोड़ा आराम करके ही आगे चलें।

धूप के पौधे और भोजपत्र का खजाना

गणेश पार्क में हमें एक और अलग ही नजारा देखने को मिलता है। यहां आप धूप की झाड़ियों से मिलते हैं जो पहाड़ी पर उगी ऐसी लगती है जैसे किसी अफ्रीकन के सर पर घुंघराले बाल। इसी पहाड़ी की ढलान के एक ओर आपको उस खजाने के दर्शन होते हैं जिसका प्राचीन समय में बेहद महत्त्व था। जी हां, यहां आप भोजपत्रों के खूब सारे पेड़ों को एक साथ देख सकते हैं। मन हो तो यादाश्त के लिए आप कुछ परतें अपने साथ रख सकते हैं। लेकिन ख्याल रहे, इस ढ़लान पर जाना जान को जोखिम में डालना भी हो सकता है।

दुर्लभ ब्रह्म कमल

इस ऊंचाई पर आपको उस पवित्र ब्रह्म कमल के दर्शन भी होते हैं जो बर्फ के पिघलने के

उपरांत कई जगहों पर खिल रहे होते हैं या पूरी तरह से खिल चुके होते हैं। ब्रह्म कमल का यह दीदार एक अनोखी अनुभूति व संतुष्टि प्रदान करता है। यह वह पुष्प है जिसे हमने अब तक चित्रों के माध्यम से या वीडियो में ही देखा होता है। इस दुर्लभ फूल के दर्शन कर हम अपने आप को भाग्यशाली मानते हैं। यह वह पवित्र फूल है जिसे यहां के स्थानीय निवासी अपने देवी-देवता को अर्पित करने के लिए इस ऊंचाई तक पहुंचते हैं। यह परंपरा, आस्था और श्रद्धा का एक बेहतरीन उदाहरण प्रस्तुत करता है।

विशालकाय चट्टान अर्थात हमारा रेस्टोरेंट

यदि आप इस यात्रा में सुबह से चले हैं तो गणेश पार्क में कुछ देर विश्राम के बाद आगे की यात्रा आपको उस विशालकाय चट्टान तक ले जाती है जो रात्रि विश्राम का एकमात्र विकल्प है। इस बेहद कठिन रास्ते में यह चट्टान हमें पांच सितारा होटल जैसा एहसास करवाती है। गणेश पार्क से चट्टान तक की यह यात्रा एक छोटे से ढलानदार रास्ते से होती हुई पहाड़ी की चोटी से बहती एक बड़ी जलधारा से हमारी मुलाक़ात करवाती है। अगस्त का महीना चल रहा होता है लेकिन इस महीने में भी इस लंबी जलधारा के दोनों किनारों पर खूब बर्फ जमी रहती है। यह वही जलधारा है जहां से आपने पहली पहाड़ी की तलहटी से पानी भरा था। इस धारा को संभलकर पार करने के उपरांत हम एक बार फिर चढ़ाई चढ़ने लगते हैं। एक-डेढ़ घंटे की थका देने वाली इस यात्रा के बाद आखिरकार हम उस विशालकाय चट्टान के साथ खड़े होते हैं, जहां हमें रात गुजारनी होती है। आप इस समय एक बड़ी ऊंचाई पर होते हैं। ऐसा लगता है जैसे हम बादलों की गोदी में बैठ उनसे बातें कर रहे हों। बादलों की सुंदर परिकल्पनाएं मन को मोह लेती हैं। यहां से कल्पा और किन्नौर मुख्यालय रिकांगपियो छोटे-छोटे दिखते हैं। इस चट्टान के भीतर 15 से 20 व्यक्ति सटकर सो सकते हैं। इसके साथ ही और भी छोटी चट्टानें हैं जिसके नीचे भी ठहरने के लिए छोटी-छोटी जगहें हैं। इनमें दो से चार व्यक्ति ठहर सकते हैं। लेकिन यहां कई बार गड़रियों ने अपनी भेड़-बकरियों के साथ पहले ही कब्जा जमा लिया होता है। यदि आपके पास अपना कोई ठहरने का आधुनिक इंतजाम हो तो आप इस जगह पर बाहर भी रुक सकते हैं। लेकिन ख्याल रखें यहां तेज ठंडी हवाएं चलती हैं जो सही इंतजाम न होने के चलते आपके शरीर को जमा सकती हैं। इस ठंड से बचने के लिए आप यदि अपने साथ थोड़ी-बहुत लकड़ियां साथ लेकर चलें तो बहुत अच्छा हो जाएगा। इस स्थान पर हमारी आधी यात्रा तय हो जाती है।

चमत्कार कुछ ऐसा भी

रात को यदि आप गुफा के बाहर निकलकर आस-पास के क्षेत्र को निहारें तो आपको उन दुर्लभ जड़ी-बूटियों के अनमोल खजाने के दर्शन भी हो सकते हैं। इन्हें हम रामायण के उस खण्ड

में देखते हैं जब हनुमान हिमालय से संजीवनी बूटी लाने के लिए जाते हैं और टिमटिमाती जड़ी-बूटियों को देखकर भ्रमित हो उठते हैं। यदि आपकी किस्मत अच्छी हुई तो आपको भी यहां रात को अपने आस-पास ऐसी ही चमत्कारिक व दुर्लभ जड़ी-बूटियां दिखाई दे जाएंगी जिनसे प्रकाश फूट रहा होता है।

बड़ी-बड़ी चट्टानों वाला अनोखा विस्तृत मैदान

अभी हमारा आगे का लगभग 5 से 6 घंटे का रास्ता बचता है। अगली यात्रा के लिए यदि हम चट्टान के अपने आशियाने से नाश्ता कर पौ फटने पर ही चल पड़ें तो ज्यादा सही होता है। आगे का रास्ता बेहद मुश्किल होने वाला होता है। चट्टान से आगे वनस्पति रहित खड़ी चढ़ाई में थोड़े से ही कदम चलने पर आपकी सांस फूलने लगेगी। इसलिए अपने शरीर की मांग के अनुरूप ही चलते चलें। लगभग एक घंटे की बेहद कठिन चढ़ाई के उपरांत ऊपर पहुंचते ही हम एक और अद्भुत नजारा देखते हैं। यहां आपके सामने होता है दूर-दूर तक फैला हुआ बड़ी-बड़ी, छोटी-छोटी चट्टानों का विस्तृत मैदान। यह मैदान तीन ओर से ऊंची-ऊंची पहाड़ियों से घिरा है और इसी के अंत में है हमारी आस्था का पवित्र स्थान 'किन्नर कैलाश'। हमें इन्हीं अनगिनत चट्टानों से होकर किन्नर कैलाश तक अपना रास्ता तय करना होता है। हम चट्टानों के भीतर अपना रास्ता भूल न जाएं इसलिए पहले से गए यात्रियों ने इन छोटी-बड़ी चट्टानों पर छोटे-छोटे पत्थरों की चिनाई कर दी होती है ताकि कोई श्रद्धालु व रोमांच प्रेमी अपना रास्ता भूल न जाए।

पार्वती कुंड

इस मार्ग की यात्रा हमें अपने एक अलग ही रोमांच पर ले जाती है। एक चट्टान से दूसरी चट्टान को लांघते, फलांगते, उछलते, कूदते हम आगे बढ़ते जाते हैं। इन्हीं घनी चट्टानों के बीच में कहीं-कहीं अगर मिट्टी दिखती है तो बहुत अच्छा लगता है। काफी थका देने वाली यह यात्रा हमें आस-पास बर्फ से लदी ऊंची चोटियों के बीच से लेकर जाती है लेकिन पानी कहीं भी नहीं मिलता। जब इस चट्टान के मैदान का हम आधा रास्ता तय कर लेते हैं तो हमें यहां एक जगह पानी नजर आता है। इस पानी के मध्य पत्थर पर आपको कुछ झंडे या पूजा की सामग्री दिख जाएगी। इस स्थान को 'पार्वती कुंड' के नाम से जाना जाता है। कई भक्त शरीर जमाती इस ठंड में भी इस कुंड में स्नान की हिम्मत जुटा ही लेते हैं।

अनोखा रोमांच

हमें यहां अब ज्यादा रुकना नहीं होता। सिर्फ आगे ही चलना होता है ताकि हम समय पर वापिस आ सकें। चट्टानों के बीच से आगे का और रास्ता तय करने के उपरांत हम एक खड़े पर्वत के धरातल पर पहुंचते हैं। यहां से आपको एक और खड़ी लेकिन बेहद थका देने वाली चढ़ाई

चढ़नी होती है। यह चढ़ाई एक अनोखे रोमांच का उदाहरण प्रस्तुत करती है। हम ऊपर और ऊपर चढ़ते जाते हैं, थकते जाते हैं, फिर हिम्मत करते हैं और फिर यात्रा आरंभ करते हैं। यह प्रक्रिया कई बार दोहराई जाती है। जब हमें किन्नर कैलाश शिवलिंग तक पहुंचने के लिए लगभग आधे घंटे का समय बचता है तो यहां एक अनोखी घटना घटती है। तापमान एकदम गिर जाता है और इतनी ठंड बढ़ जाती है कि पूरा शरीर कांपने लगता है। हाथ जम जाते हैं। लेकिन पवित्र शिवलिंग के दर्शन की अभिलाषा और एक अंजान ऊर्जा हमारे कदम रुकने नहीं देती।

और फिर सामने होता है अनोखा शिवलिंग

फिर वह पल भी हमारे सामने होते हैं जब हम उस 30-35 फुट के प्राकृतिक शिवलिंग के दर्शन कर रहे होते हैं। शिवलिंग के देखते ही मानो सारी थकान क्षण भर में ही गायब हो जाती है। यह अनोखा अहसास आपको किसी अदृश्य शक्ति का अवश्य ही आभास कराता है। माने या न माने यह अपनी-अपनी बात है। लगता ही नहीं कि इससे पहले हम कई मुश्किलों से मुलाकात करते हुए, टूटते और फिर जुड़ते हुए यहां पहुंच चुके होते हैं। यह कोई दैवीय चमत्कार जैसा ही लगता है। यह शिवलिंग वर्तमान में सिर्फ किन्नौर वासियों की ही आस्था और श्रद्धा का प्रतीक नहीं है, बल्कि देशभर से यहां हर वर्ष श्रद्धालु और ट्रैकर इसके दर्शन करने पहुंचते हैं। यह स्थान हिमाचल का सबसे ज्यादा ऊंचाई पर बसा धार्मिक स्थल है। यहां पहुंचते ही मन असीम शांति में डूब जाता है।

इस पहाड़ी के शिखर पर अकेला सीधा खड़ा यह विशालकाय शिवलिंग किसी चमत्कार से कम नहीं है। शिवलिंग के आधार तक पहुंचने के लिए हमें लगभग 5 मीटर लंबी व लगभग तीन-चार फुट चौड़ी पत्थर की पट्टिका के ऊपर से गुजरना पड़ता है। चारों तरफ से खुले इस क्षेत्र में हवा इतनी अधिक होती है कि आदमी को उड़ा ले जाए। व्यक्ति जरा-सा भी इधर-उधर हुआ नहीं कि उसे हजारों फुट गहरी खाई का सामना करना पड़ सकता है। किन्नर कैलाश की इस चोटी से हमें रिब्बा, जंगी आदि गांव के साथ-साथ पूह की तरफ की उन नंगी पर्वतमालाओं के दूर-दूर तक दर्शन होते हैं जो पेड़ रहित रेत की ढेरियों की तरह नज़र आती हैं। इसी चोटी की दूसरी तरफ की चोटियां इन गर्मी के महीनों में भी खूब बर्फ से लदकद रहती हैं।

शिवलिंग की संरचना

यदि हम इस शिवलिंग की सरंचना की बात करें तो इसे आप अपने हाथ की उंगलियों के जरिए भी समझ सकते हैं जो हु-ब-हु वैसी ही है। आप अपने हाथ की सभी उंगलियों को मिला लें और अंगूठे को सीधा खड़ा कर लें। अंगूठे को आप शिवलिंग मान लें तो अंगूठे के साथ लगती सबसे ऊपर की उंगली के एक छोर से दूसरे छोर तक शिवलिंग के आधार तक जाने

वाला रास्ता बन जाएगा।

वैज्ञानिक दृष्टिकोण

वैज्ञानिक दृष्टिकोण का सहारा लें तो शिवलिंग के आस-पास की भौगोलिक संरचना एक अलग तथ्य प्रस्तुत करती है। ऐसा प्रतीत होता है कि किसी समय यह एक चपटी सीधी खड़ी चोटी थी। जो समय के बहाव के चलते धीरे-धीरे टूटती चली गई और इसका एक अंतिम छोर जो वर्तमान में शिवलिंग की आकृति प्रस्तुत करता है शेष बचा रह गया है। चट्टान का जो हिस्सा टूट चुका है वर्तमान में उस हिस्से ने एक रास्ते की शक्ल अख्तियार कर ली है जो हमें शिवलिंग के आधार तक पहुंचाता है। लेकिन चाहे कारण कुछ भी रहा हो। इन तथ्यों से शिवलिंग के प्रति लोगों की श्रद्धा व आस्था में जरा भी अंतर नहीं आता।

परिक्रमा

जो व्यक्ति इस सीधी खड़ी चढ़ाई को नहीं चढ़ पाते, वे किन्नर कैलाश के प्रति अपनी आस्था व श्रद्धा को किन्नर कैलाश की परिक्रमा के जरिए प्रकट करते हैं। यदि आप रिकांगपिओ से परिक्रमा आरंभ करें तो यह पंगी, रिब्बा, रिस्पा, जंगी, मूरंग, ठंगी, लम्बर, रंगरिक टुंडमा, लालंती, छितकुल, सांगला, कड़छम से होते हुए रिकांगपिओ में समाप्त होती है। इस परिक्रमा के दौरान हमें किन्नौर की अनूठी संस्कृति, परंपरा, मेले, त्योहार व यहां की सामाजिक व्यवस्था को देखने तथा यहां के इतिहास से रू-ब-रू होने का मौका मिलता है। पहले इस परिक्रमा को पूर्ण करने में छह-सात दिनों का समय लग जाता था लेकिन अब इन पैदल यात्रा के रास्तों पर सड़क सुविधा होने की वजह यह परिक्रमा कम समय लेती है।

खास बात

शिवलिंग की एक खास बात है कि यह दिन में सूर्य की स्थिति के अनुसार अपना रंग बदलता रहता है। सुबह यह शिवलिंग यदि भूरा होगा तो दोपहर को यह शिवलिंग लालिमा लिए रहता है और शाम को ग्रे रंग में परिवर्तित हो जाता है।

यात्रा का समय

लगभग सात-आठ महीने बर्फ से लदी इन चोटियों पर हर मौसम में पहुंचना खतरनाक है। किन्नर कैलाश की इस यात्रा का सही समय जुलाई के अंत से शुरू होकर अगस्त अंत तक सबसे उपयुक्त है।

लंगर

पिछले तीन-चार वर्षों से यहां पर किन्नर कैलाश कमेटी व अन्य स्वयं सेवी संस्थाओं द्वारा लंगर व मेडीकल सुविधा के साथ पुलिस हेल्पलाइन की सुविधा भी प्रदान की जा रही है। लंगर की व्यवस्था यात्रा के सबसे पहले पायदान अर्थात यात्रा के शुरू में ही रहती है। यात्रियों के लिए निश्चय ही यह बेहद संतोषजनक बात है।

क्या-क्या ले जाएं

जितने दिन आप अपनी यात्रा में लगाते हैं, उतने दिन का खाने का सामान अपने साथ ले जाएं। आपको आगे ऐसी कोई व्यवस्था नहीं मिलेगी जहां से आप कोई वस्तु खरीद सकें। दूसरी बात, गर्म कपड़े तो आपको अपने साथ रखने ही हैं। यहां का मौसम पूरे वर्षभर ठंडा ही रहता है। पानी की बोतल को पर्वत से आने वाली धारा से खत्म होते ही भरते रहें क्योंकि इस बेहद थका देने वाली यात्रा में आपको पानी की हर कदम पर जरूरत महसूस होती रहेगी।

कैसे पहुंचें

सड़क द्वारा रिकांगपिओ पहुंचने के लिए आपको राष्ट्रीय उच्च मार्ग-22 से आना होता है। शिमला से रिकांगपिओ के लिए दिन-रात बस सुविधा है। शिमला से रिकांगपिओ की दूरी 231 कि०मी० है। रिकांगपिओ के लिए निकटतम हवाई अड्डा जुब्बड़हट्टी (शिमला) तथा निकटतम रेलवे स्टेशन भी शिमला है।

कहां ठहरें

रिकांगपिओ में विभिन्न होटलों के साथ-साथ, पी०डब्ल्यू०डी० का रेस्ट हाऊस, सराएं भवन, सर्किट हाऊस, सराएं व अन्य ठहरने योग्य उचित भवन हैं।

❖

पोवारी से तंगलिंग जाने के
लिए झूला

पार्वती कुंड

विशालकाय चट्टान अर्थात
हमारा रेस्टोरेंट

किन्नर कैलाश का बेहद
कठिन रास्ता

किन्नर कैलाश का पहला
पायदान

किन्नर कैलाश का खतरनाक
सफ़र

पत्थरों के मैदान में श्रद्धालु

किन्नर कैलाश शिवलिंग

यात्रा का शुरुआती पड़ाव

गणेश पार्क

पत्थर की गुफा से थोड़ा पीछे किन्नर कैलाश से आती धाराएं

गड़रियों संग किन्नर कैलाश जाती भेड़-बकरियां

कसौली : जहां बसने को करता है मन

हिमाचल का कसौली भारत के उन पर्यटन स्थलों में से एक है जहां दुनिया का हर यात्री एक बार जरूर पहुंचना चाहता है। समुद्रतल से 1795 मीटर की ऊंचाई पर बसा यह स्थल अपनी खूबसूरती के कारण दुनिया भर में मशहूर है। यहां पहुंचते ही आप दुनिया के शोर-शराबे से दूर अपने आप को एक शांत इलाके में, एक अलग ही दुनिया में पाते हैं।

कसौली का नामकरण

कसौली के नामकरण के पीछे कई तर्क हैं। कहते हैं, रेवाड़ी से आए एक राजपूत परिवार ने 17वीं शताब्दी में 'कसुल' नामक गांव में शरण ली थी। बाद में यही गांव कसौली के नाम से जाना जाने लगा। अन्य मत के अनुसार, यहीं पास ही पहाड़ी से बहते झरने को भी इसके नामकरण की वजह मानते है। एक अन्य मान्यता यह है कि इस घाटी में बहुत सुंदर फूल खिलते हैं जिसके चलते इस घाटी को 'कुसुमावली' (फूलों का गुच्छा) या 'कुसमाली' (फूलों की लड़ी) शब्दों से भी जाना जाता है। यह सभी कारण अपने-अपने हिसाब से इसके नामकरण की पुष्टि करते हैं।

कसौली की खासियत

19वीं शताब्दी में उपनिवेशक स्वामियों ने कसौली को एक साफ-सुथरी छाबनी के रूप में विकसित किया जिसका प्रमाण सैनिक अस्पताल में लगा सूचना पट्ट देता है। 1900 के दौरान पाश्चर संस्थान की स्थापना की गई जिसने मुख्यतः प्रति रक्षा विज्ञान और विषाणु जनित शोध पर कार्य किया। यहां खसरा, टाइफाइड, डीपीटी, हैजा आदि दवाइयों को भी तैयार किया गया है। सबसे ख़ास यह भी कि यहां एंटी रेबीज टीका तैयार किया जाता है। इस स्थान की एक अन्य खासियत यह भी है कि यहां प्रसिद्ध लेखक खुशवंत सिंह का घर भी है। यही नहीं, कसौली चर्चित लेखक रसकिन बॉन्ड का जन्म स्थान भी है।

मंकी प्वाइंट

कसौली बस स्टैंड से 4 कि०मी० की दूरी पर स्थित कसौली का एक अन्य शानदार आकर्षण है 'मंकी प्वाइंट'। यह एक छोटी-सी ऊंची पहाड़ी है। यह आर्मी रिजर्व एरिया है। यहां एयर फोर्स का हेलीपेड है। मंकी प्वाइंट हनुमान जी को समर्पित है। मंकी प्वाइंट तक पहुंचने के लिए आर्मी से पास लेना पड़ता है। सड़क मार्ग से 30-40 मिनट चढ़ाई चढ़ने के उपरांत हम जब मंकी प्वांट पहुंचते हैं तो ऐसा लगता है मानो हम आसमान से बातें कर रहे हों और बादलों के बीच खड़े होकर रुई के फाहों से खेल रहे हों। यह नजारा बहुत ही सुन्दर होता है। यहां से आस-पास का हर क्षेत्र हमें अपने कदमों के नीचे लगता है। साफ मौसम में आप यहां से चण्डीगढ़ को देख सकते हैं। मंकी प्वाइंट के साथ एक प्राचीन कथा जुड़ी हुई है। कहते हैं, जब हनुमान जी संजीवनी बूटी लेकर आ रहे थे तो उनका पांव इस जगह को छू गया था। इसलिए इस पहाड़ी का ऊपरी हिस्सा पैर की आकृति लिए हुए है।

कसौली क्लब

कसौली क्लब हिमाचल का एक ऐसा क्लब है जिसके सिर्फ कसौली में कार्यरत सेना के अधिकारी और अन्य कर्मचारी ही सदस्य बन सकते हैं। इस क्लब की स्थापना 1880 में की गई थी। क्लब में कोई नागरिक या पर्यटक तभी उसका सदस्य बन सकता है जब इसका कोई सदस्य उसे प्रायोजित करे। यह क्लब देश के सबसे सम्मानित सामाजिक क्लबों में से एक है। इस क्लब के सदस्य देश की नामी-गिरामी हस्तियां हैं।

सूर्योदय और सूर्यास्त का नजारा

लोअर और अप्पर माल कसौली की बेहतरीन जगहों में से एक है। यहां आप प्राकृतिक नजारों के साथ-साथ प्राचीन मकानों की बनावट, उनकी खूबसूरत शैली को भी निहार सकते हैं। इसके अलावा, आप लोअर माल से सूर्योदय और अप्पर माल से सूर्यास्त के मनमोहक दृश्य के गवाह भी बन सकते हैं। लोअर माल जहां से सूर्योदय का नजारा दिखाई देता है उसे 'हवा घर' की संज्ञा से नवाजा जाता है। कारण यह कि आप यहां पूरे वर्ष भर हवा के ठंडे झोंको का लुत्फ उठा सकते हैं। अप्पर माल के सूर्यास्त के स्थान से थोड़ा-सा आगे का स्थान हनीमून साइट के रूप में प्रसिद्ध है। यहां का नजारा देखते ही बनता है। इसे 'लवर लेन' के नाम से जाना जाता है।

गिल्बर्ट ट्रेल

लवर लेन से लगभग 700 कि०मी० आगे गिल्बर्ट ट्रेल है जहां प्रकृति ने दिल खोलकर अपना श्रृंगार किया है। यहां तक पहुंचने का रास्ता बहुत ही तंग और जोखिम भरा है। बारिश में यहां जाना खतरे से खाली नहीं है।

ऐतिहासिक चर्च

1853 में बनी क्राइस्ट चर्च यहां बेहद ही लोकप्रिय है। इस चर्च की अपनी ही खूबसूरती है। आप कसौली आएं और इस चर्च को न देखें तो फिर आपने क्या देखा! संत फ्रांसिस और बरनबास को समर्पित इस चर्च में लगी कांच की खिड़कियां इसका ख़ास आकर्षण है। यह चर्च गौथिक शैली में बनी है। बता दें कि इस चर्च में शाहरुख़ खान की फिल्म 'माया मेमसाब' की शूटिंग भी हुई है। कसौली अंग्रेजों का पसंदीदा स्थान रहा है जिसके चलते यहां एंगलिकन चर्च (169 वर्ष पुरानी), कैथोलिक और प्रोटेस्टैंट चर्च जैसी प्राचीन और ऐतिहासिक चर्चें विद्यमान हैं। इन्हें निहारना एक सुखद अनुभूति का अहसास करने जैसा है।

गोरखा किला

कसौली का एक अन्य आकर्षण है 'गोरखा किला'। अंग्रेजों से लड़ाई के लिए बने इस किले को देखना अपने आप में ही एक रोमांच है। यह किला अमर सिंह थापा ने बनवाया था जो गोरखा सेना के मुख्य अधिकारी थे। 1900 में बने इस किले की मजबूती और बनावट आकर्षित करती है। यहां रखी प्राचीन तोपें अपने वजूद के लिए लड़ी उन लड़ाइयों की याद को ताजा कर देती हैं।

अन्य स्थान

यदि आप कसौली के नजदीक हैं तो सोलन या शिमला तो जरूर होकर आएं। 34 कि०मी० की दूरी पर बसा सोलन एक समृद्ध शहर है। यहां आप शूलिनी माता और जटोली मंदिर के दर्शन अवश्य करें। साथ ही, यहां के कई पार्क, सोलन माल, चंबाघाट (मशरूम उत्पादन के लिए प्रसिद्ध) आदि में घूमकर आप अपनी यात्रा को पूर्णता प्रदान कर सकते हैं। कसौली में ही आप कसौली ब्रुअरी, डगशाई हैरिटेज म्यूजियम, कृष्ण भवन मंदिर, बाबा बालक नाथ मंदिर, रेलवे स्टेशन बड़ोग आदि को निहार सकते हैं।

कब जाएं

कसौली आप पूरे वर्ष भर जा सकते हैं। लेकिन मार्च से नवंबर का मौसम सबसे खुशगवार है। अन्य महीनों में यहां खूब सारी ठंड होती है जिसके लिए आपको गर्म कपड़ों की आवश्यकता पड़ती है।

कहां से कितना

कसौली तक पक्की सड़क सुविधा के चलते आप किसी भी वाहन द्वारा यहां पहुंच सकते हैं। दिल्ली से कसौली की दूरी 293 कि०मी०, चण्डीगढ़ से 55 कि०मी०, शिमला से 84 कि०मी० है। नजदीक का रेलवे स्टेशन सोनवारा (4 कि०मी०), कोटी (6 कि०मी०) तथा कालका (ब्रॉड गेज) 40 कि०मी० है। नजदीक के हवाई अड्डे शिमला और चण्डीगढ़ हैं।

❖

कसौली से खूबसूरत दृश्य

चर्च में जलती मोमबतियां

डगशाई हैरिटेज म्यूजियम

कसौली हेरिटेज मार्केट

कसौली मिलिटरी स्टेशन गेट

क्राइस्ट चर्च

भारतीय सैनिकों के प्रति सम्मान दर्शाता होर्डिंग

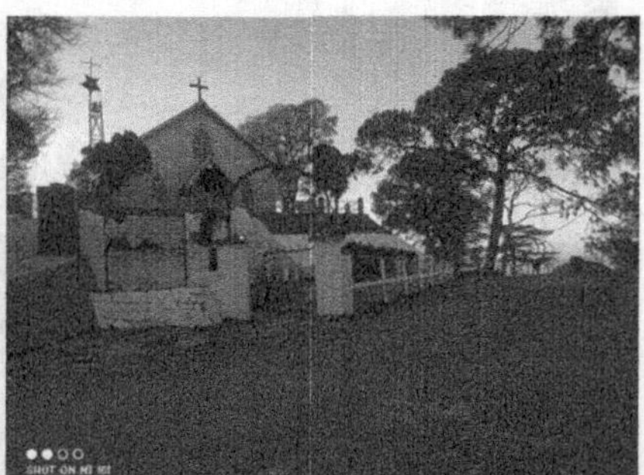

मेजर ध्यानचंद चौक

एक अन्य चर्च

कसौली को लेकर जाती सड़क

गोरखा किला (नेट से साभार)

कसौली मार्केट

जंजैहली : खूबसूरती, रोमांच और आस्था की घाटी

कौन नहीं चाहता कि प्रकृति की हसीन वादियों में कुछ समय बिताया जाए। फिर वह स्थान ऐसा हो कि जहां पर आध्यात्मिक शांति के साथ-साथ प्रकृति के खूबसूरत नजारे और रोमांच एक साथ मिल जाए तो सोने पे सुहागा जैसी बात होगी। कुछ ऐसे ही अनुभवों व आश्चर्यों से सराबोर करती है हिमाचल प्रदेश के मण्डी जिले की जंजैहली घाटी। वर्तमान में यह घाटी पर्यटकों के आकर्षण का केन्द्र बनी हुई है। जंजैहली घाटी ने देशी व विदेशी पर्यटकों के लिए एक अच्छा खासा प्लेटफार्म तैयार कर लिया है।

जिला मण्डी से जंजैहली बस स्टैंड तक की दूरी लगभग 86 कि०मी० है। किसी भी वाहन अथवा बस द्वारा यहां पहुंचा जा सकता है। रास्ते में चैलचौक, काण्ढा, बगस्याड तथा थुनाग आदि स्थान आते हैं। जहां पर आप रुककर इस घाटी के मनोरम दृश्यों से रू-ब-रू होकर अपनी यात्रा में नया जोश भरते हैं। इन स्टेशनों से आप अपनी जरूरत का सामान भी खरीद सकते हैं।

भारी-भरकम चट्टान जो हिल जाती है सबसे छोटी उंगली से

जंजहैली से दो किलोमीटर पीछे पांडवशिला नामक स्थान पर जब आप पहुंचेंगे तो आप उस भारी भरकम कई टन की चट्टान के दर्शन करेंगे जो आपके हाथ की सबसे छोटी अंगुली से हिलकर आपको अचंभित कर देती है। इस चट्टान को महाभारत के भीम का चुगल (हुक्के की कटोरी में डाला जाने वाला छोटा-सा पत्थर) माना जाता है और इसकी पूजा की जाती है।

खूबसूरती का पर्याय

ढलानदार खेतों में चारों ओर फैली आलू और मटर के खेतों की हरियाली मन को मोह लेती है। जब हम जंजैहली पहुंचते हैं तो हम खुद को एक अलग ही दुनिया में पाते हैं। जंजैहली सुंदर व शहर के शोर-शराबे से दूर एक शांत गांव है। यहां सेब, पलम, नाशपाती, खुबानी आदि

फलों की सीजन पर भरमार रहती है। जंजैहली बस स्टैंड के साथ ही ढीमकटारु पंचायत की सीमा शुरू हो जाती है। यह पंचायत प्राकृतिक सौंदर्य का एक अनूठा उदाहरण प्रस्तुत करती है। यदि आपके पास समय हो तो यहां के सांस्कृतिक कार्यक्रमों में अवश्य शामिल होइए। आपकी यात्रा सफल मानी जाएगी। इसी घाटी में अन्य स्थल हैं जो खूबसूरती और रोमांच से भरे पड़े हैं। इन स्थलों को एक बार देख लेने के पश्चात ये स्थल आपके मानसपटल पर प्राकृतिक सौंदर्य का ऐसा अध्याय लिख जाएंगे कि आप ताउम्र इन स्थलों की याद को अपने जहन से न उतार पाएंगे।

भुलाह

जंजैहली से 6 कि० मी० की दूरी पर आता है रमणीक स्थल भुलाह। जिसे एक बार देख लें तो भुले से भी न भूलें। भुलाह तक पक्की सड़क है। कोई भी बस यहां तक ही आती है। भुलाह ट्रैकरों, पर्यटकों व श्रद्धालुओं का पहला पड़ाव स्थल भी माना जा सकता है क्योंकि इसके बाद शिकारी पर्वत की चोटी तक चढ़ाई शुरू हो जाती है। थोड़ा-सा मैदानी होने और चारों ओर से देवदार, रई, चील आदि के पेड़ों से घिरा होने के कारण इस स्थान की सुंदरता देखते ही बनती है। भुलाह की भौगोलिक सरंचना हमें चंबा जिला के खजियार पर्यटन स्थल की याद को जाता कर देती है जिसे हिमाचल का 'मिनी स्वीट्ज़रलैंड' कहा जाता है। सभी यात्री यहां थोड़ी देर रुककर जहां इस स्थान को कैमरों में कैद करते हैं वहीं यहां बैठकर चाय-पानी व भोजन का आनंद भी लेते हैं।

बूढ़ा केदार तीर्थ स्थल

बूढ़ा केदार जंजैहली का एक धार्मिक स्थल है। यहां पैदल ही जाना पड़ता है। जंजैहली से ही आप इस रास्ते पर हो लेते हैं। पूरा रास्ता चढ़ाई वाला है। यहां पर रहने वाले गुज्जरों के लिए यह रोज का रास्ता है। ये जंजैहली तक दूध, घी व खोया आदि पहुंचाते हैं और बदले में मिलने वाले रूपयों से राशन व जरूरत का अन्य सामान अपने दड़वों तक ले जाते हैं। यह गुज्जर समुदाय सर्दी में इन इलाकों को छोड़कर मैदानी इलाकों में अपने पशुओं के साथ चले जाते हैं और गर्मियों में ये फिर से वापिस अपने-अपने दड़वों को आबाद करते हैं। घाटी में आप जगह-जगह इन दड़वों को निहार सकते हैं। इनकी जीवन शैली हमें इनके कठिन जीवन का अहसास करवाती है। लोगों के कथनानुसार, बूढ़ा केदार में भीम से बचने के लिए नंदी बैल एक बड़ी चट्टान में कूदे और सीधे पशुपति नाथ मंदिर निकले थे। उस चट्टान में आज भी बड़ा-सा सुराख है जिसके अंदर जाकर पूजा-अर्चना की जाती है। यहां साथ ही स्थित छोटे से झरने के नीचे स्नान करना पवित्र माना जाता है। यह स्थल यहां के लोगों के साथ-साथ बाहर से पहुंचे लोगों के लिए भी आस्था व रहस्य का केन्द्र है।

शिकारी देवी पर्वत

जंजैहली में इतनी संख्या में पर्यटकों के पहुंचने का प्रमुख कारण यदि माता शिकारी देवी के प्रति अटूट आस्था व भक्ति भावना को माना जाए तो गलत न होगा। परंतु यह बात भी उतनी ही सच है कि इस भक्ति भावना को बल देती है प्राकृतिक सौंदर्य से लबालब यह घाटी। भुलाह से आगे शिकारी देवी मंदिर लगभग 11 कि०मी० की दूरी पर स्थित है। मंदिर तक सड़क सुविधा है। किसी भी वाहन द्वारा आप इस दूरी को तय कर सकते हैं। लेकिन पैदल चला जाए तो आप रोमांच से भर उठेंगे। माता शिकारी देवी का मंदिर इस पर्वत पर स्थित होने के कारण इसे 'शिकारी पर्वत' के नाम से भी जाना जाता है। शिकारी मंदिर तक पहुंचने के कई रास्ते हैं लेकिन जंजैहली से मुख्यतः दो रास्ते मंदिर तक जाते हैं। एक बूढ़ा केदार तीर्थ स्थल से तथा दूसरा वाया भुलाह से होकर। दोनों रास्तों से जाने का अपना ही मजा है। वाया भुलाह से सड़क मार्ग उपलब्ध है जबकि बूढ़ा केदार तीर्थ स्थल से आपको पैदल ही खड़ी चढ़ाई तय करनी पड़ती है। यह मार्ग ट्रैकरों के लिए अति उत्तम है। जंजैहली का ट्रैकिंग हॉस्टल भी इस दिशा में महत्वपूर्ण भूमिका निभाता है।

भुलाह नाले का रोमांच

प्राकृतिक नजारों का आनंद लेना हो तो ऐसी जगहों पर पैदल चलना ही बेहतर होता है। शिकारी देवी पर्वत के लिए आप सड़क के बजाए भुलाह नाले से होते हुए जाएं तो एक अलग रोमांचकारी अनुभव से सराबोर होंगे। बड़ी-बड़ी चट्टानों से प्रस्फुटित झरने, कल-कल बहते नाले का संगीत और लंबे-लंबे देवदार के वृक्षों से सुसज्जित यह नाला हर किसी को आकर्षित करने में पूर्णतयः सक्षम है। नाले वाला रास्ता शॉर्टकट है। इस नाले से आप लड़वहाच होते हुए सीधे सिंगरयाला पहुंचेंगे। बुजुर्गों या पैदल न चल सकने वालों के लिए सड़क मार्ग से जाने का भी अपना ही मजा है। कल्पना लोक-सा शिकारी देवी मंदिर का यह स्थान एक अनोखे एहसास से सराबोर कर देता है। आस-पास की चोटियों से सबसे ऊपर होने के कारण ऐसा लगता है जैसे हम आकाश में उड़ रहे हों। समुद्रतल से इस स्थान की ऊंचाई 9000 फुट है।

अनोखी बात

शिकारी देवी मंदिर ऐसा मंदिर है जिसकी छत नहीं है। माता अपने ऊपर किसी भी तरह का छत स्वीकार नहीं करती। कहा जाता है कि माता शिकारी देवी का मंदिर पांडवों द्वारा निर्मित है। वनवास काल के दौरान पांडव यहां रुके थे। इस स्थान के विषय में एक बात गौर करने योग्य है कि माता की मूर्तियों के ऊपर कभी भी बर्फ नहीं टिकती। मान्यता है कि यदि देवी को काली बकरी की सुखना की जाए तो मीरगी के रोगी पूरी तरह से ठीक हो जाते हैं। पर्यटकों के पड़ाव का

यह दूसरा स्थान है। भक्तगण चाहें तो माता के दर्शन के उपरांत यहां से वापिस घर भी जा सकते हैं लेकिन प्रकृति प्रेमियों के लिए शिकारी देवी मंदिर के दक्षिण-पश्चिम दिशा में जो सौंदर्य बिखरा है उसे करीब से देखे बगैर जाने का किसी भी सूरत में मन नहीं करेगा।

अन्य खूबसूरत स्थान व ट्रेकिंग रूट

पूरी जंजैहली घाटी बेहद खूबसूरत है। इसका हर कोना आपको अपने आकर्षण में बांध देता है। इसकी अनछुई खूबसूरती आपकी हमेशा बाट जोहती है। एक बार जरूर होकर आएं। इसके आस-पास आप देवीदहड़, कमरुनाग झील, अन्य बेहद खूबसूरत अनछुए गांव, छोटी शिकारी आदि ऐसे स्थान हैं जहां एक बार अवश्य जाना चाहिए। शिकारी देवी पर्वत के दूसरी ओर इसके धरातल में बसा है बेहद खूबसूरत व रमणीक स्थान देवीदहड़। साथ ही, कमरुनाग झील की यात्रा आपको अनोखे अहसासों से सराबोर करेगी, यह तय है। उल्लेखनीय है कि यह पूरी घाटी ट्रेकिंग के लिए भी जानी जाती है। इसके विभिन्न ट्रेकिंग रूट आपको रोमांच से भर देते हैं।

तो सोच क्या रहे हैं! चलो चलते हैं दुनिया के शोर-शराबे से दूर, जंजैहली घाटी में दो पल सुकून के बिताने के लिए।

सही समय

वैसे गर्मी का मौसम जंजैहली घाटी को निहारने के लिए अति उत्तम है। लेकिन आप अप्रैल से अक्टूबर (बर्फ गिरने से पहले) अंत तक इस वादी में विचरण कर सकते हैं।

कैसे पहुंचें

चण्डीगढ़-मनाली राष्ट्रीय उच्च मार्ग-21 या फिर पठानकोट-जोगिन्द्रनगर मार्ग द्वारा सुंदरनगर या फिर मण्डी पहुंचकर यहां से आगे जंजैहली के लिए (86 कि०मी०) बस या किराए पर गाड़ी ले सकते हैं। एक अन्य रास्ता मण्डी से ही वाया पण्डोह, बाड़ा, कांढा होकर (76 कि०मी०) भी है जो पहले रास्ते से लगभग 10 कि०मी० छोटा है लेकिन यह पहले वाले रास्ते से थोड़ा तंग है। इस मार्ग से आप ब्यास नदी पर बने पण्डोह डैम की खूबसूरती का मजा ले सकते हैं। हवाई मार्ग से भी जंजैहली पहुंचा जा सकता है लेकिन इसके लिए पहले आपको एयरपोर्ट भुंतर (कुल्लू) जाना पड़ेगा। फिर वापिस मण्डी की ओर आना पड़ेगा।

कहां ठहरें

जंजैहली में लोक निर्माण विभाग, जंगलात महकमे का रेस्ट हाऊस तथा अन्य निजी होटल व सराएं हैं जो हर सुविधा से संपन्न हैं। आप इनमें सहज महसूस करेंगे।

❖

शिकारी देवी पहुंच सीढ़ियों की ओर जाते श्रद्धालु

गुज्जरों का दड़वा

भुलाह

शिकारी देवी के दक्षिण-पश्चिम की सुंदरता

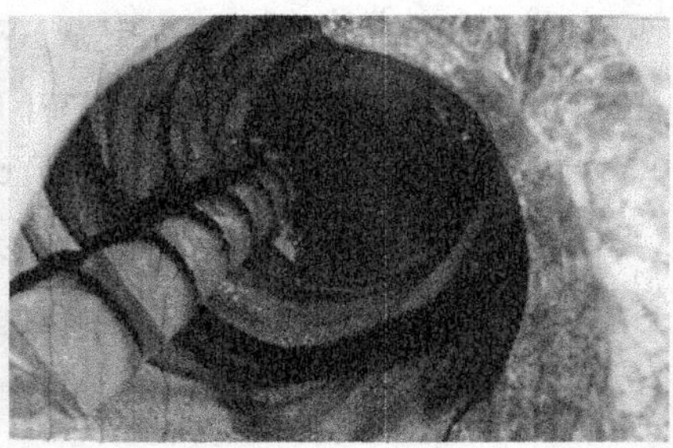

शिकारी देवी मंदिर

बूढ़ा केदार

पांडव शिला (हाथ की छोटी उंगली से हिलने वाली चट्टान)

शिकारी देवी मंदिर स्वागत द्वार

पालमपुर : नैसर्गिक सौंदर्य और महान हस्तियों की धरती

हिमाचल को प्रकृति ने इस खूबसूरती से सजाया है कि हर कोई मंत्रमुग्ध-सा हो जाता है। ऐसे में पालमपुर का जिक्र न हो, ऐसा कैसे हो सकता है भला! पालमपुर हिमाचल का एकमात्र वह क्षेत्र है जो चाय के बागानों के लिए जाना जाता है। मशहूर पर्यटन स्थल धर्मशाला से पालमपुर 38 किलोमीटर की दूरी पर बसा है। गर्मियों में तो यह स्वर्ग से कम नहीं है। यहां की यात्रा आपको संतुष्टि प्रदान करती है। पालमपुर कला के क्षेत्र में भी एक आदर्श दर्शनीय स्थल है। यहां बहुत रमणीक स्थान हैं जो आपको अपना दीवाना बना देते हैं। यह वीर सपूतों की धरती है। लेकिन अकेला पालमपुर ही नहीं, इसके आस-पास के और भी रमणीय स्थल आपकी राह तकते हैं। चलिए, बारी-बारी से घूमकर आते हैं।

दो महान कलाकारों की धरती अन्द्रेटा

पालमपुर महान व्यक्तियों व शहीदों की धरती है। ऐसे बहुत से नाम गिनाए जा सकते हैं। इन सब में कला की चितेरी दो शख्सियत ऐसी हैं जिन्होंने पालमपुर के अन्द्रेटा को विश्वविख्यात बना दिया। जी हां, बात हो रही है प्रसिद्ध चित्रकार सरदार सोभा सिंह और नाटककार नोराह रिचर्ड्स की। यह पालमपुर की खुशनसीबी है और गर्वित होने वाले पल हैं।

सोभा सिंह आर्ट गैलरी

पालमपुर से लगभग 3 किलोमीटर पीछे (मण्डी की ओर) से एक लिंक रोड आपको पंचरूखी से होता हुआ अन्द्रेटा ले जाता है जो विश्व प्रसिद्ध है। मुख्य पालमपुर से इसकी दूरी 12 किलोमीटर है। आप जैसे ही अन्द्रेटा पहुंचते हैं तो सबसे पहले सड़क के साथ ही लगती सरदार सोभा सिंह आर्ट गैलरी आपका इंतज़ार करती हुई आपको मिलती है। कूची के चितेरे सोभा सिंह वे चित्रकार थे जिन्होंने अपनी अद्भुत चित्रकारी से विश्व में अपनी पहचान बनाई। इस गैलरी का

अवलोकन आपको इस महान कलाकार की कला से परिचित करवाता है। अंदर पहुंचते ही आप एक तरफ दो मंजिला आर्ट गैलरी के दर्शन करते हैं और दूसरी ओर ग्रामीण क्षेत्र की पारंपरिक वस्तुओं व सोभा सिंह जी की पेंटिंग से सजी दुकानों से मिलते हैं। यहीं से ही आपको गैलरी में प्रवेश के लिए टिकट लेना होता है।

गैलरी के भीतर भूतल की दीवारों पर आपका स्वागत करती हैं सोभा सिंह की कुछ चर्चित पेंटिंग्स। मुख्य रूप से आप यहां कांगड़ा दुल्हन, गुरु नानक देव, हीर रांझा, सोहनी महिवाल, गद्दन, शहीद भगत सिंह आदि बहुत-सी छोटी-बड़ी पेंटिंग्स के दर्शन कर स्वयं को निहाल पाते हैं। इन पेंटिंग्स का अपना ही जादू है। ऊपर की मंजिल में संग्रहालय है जिसमें सरदार सोभा सिंह के जीवन से जुड़ी हर वस्तु चाहे वह उनके ब्रुश, रंग, पेंसिल, पेन, किताबें, घर का अन्य सामान जो कभी उन्होंने इस्तेमाल किया, सब कसीदे से रखा है। इसे देखते हुए हम जैसे स्वयं को सोभा सिंह के साथ खड़े उन्हें पेंटिंग बनाते हुए देखने का अहसास पाते हैं। इस स्थल का दीदार आपके लिए बहुत ही शानदार व यादगार बन जाता है। आप चाहें तो यहां से उनकी बनाई पेंटिंग व अन्य स्थान खरीद सकते हैं। बता दें कि सरदार सोभा सिंह भारत विभाजन के बाद लाहौर छोड़कर अन्द्रेटा में ही बस गए थे। उन्हें यह जगह इतनी भायी कि वे फिर यहीं के होकर रह गए।

नोराह रिचर्ड्स

सोभा सिंह आर्ट गैलरी को निहारने के पश्चात लगभग दो किलोमीटर की दूरी पर गांव के भीतर ही हमें एक अन्य महान शख्सियत नोराह रिचर्ड्स के कर्मस्थल के दीदार होते हैं। नोराह एक अभिनेत्री और रंगमंच की प्रसिद्ध हस्ती थीं। आयरलैंड निवासी नोराह रिचर्ड्स 1930 में अपने पति की मृत्यु के बाद अन्द्रेटा में ही बस गईं। पंजाबी नाटक में नोराह का विशेष योगदान रहा जिसके चलते नोराह को पंजाब की 'लेडी ग्रेगरी' के नाम से भी जाना जाता है। अन्द्रेटा के उनके घर को 'वुडलैंड्स एस्टेट' कहा जाता है। यहां पर ही उन्होंने मिट्टी का घर भी बनाया जिसका नाम 'चमेली निवास' रखा गया। पूरी तरह से नाटक को समर्पित नोराह ने यहां एक ओपन थिएटर का निर्माण किया। मिट्टी के इस घर, मंच और नोराह के शानदार कार्यों की बुजुर्गों से कई बातें सुनकर आप नोराह को याद करते हैं। यह इलाका 'कलाकारों का गांव' नाम से भी प्रसिद्ध है। नोराह यहां हर वर्ष मार्च के महीने में सप्ताह भर नाटक उत्सव का आयोजन करती थीं। उनके इस उत्सव व अन्य समय में कई बार शामिल होने वाले दो बड़े अभिनेता थे पृथ्वीराज कपूर और बलराज साहनी। पूरी तरह से ठेठ ग्रामीण परिवेश में रंगी नोराह ने नाटकों के अलावा नाटक अभिनय, लेखन और नाटक के निर्माण में प्रशिक्षण पाठ्यक्रम भी चलाए। कई पुरस्कारों से सम्मानित नोराह की जब 3 मार्च, 1971 में मृत्यु हुई तो कला के क्षेत्र में यह बहुत बड़ी क्षति थी। जब आप यहां आएंगे तो आप नोराह की सादगी, काम के प्रति समर्पण, महिलाओं के प्रति

जागरूकता के कई किस्से सुनेंगे।

बीड़ बिलिंग

यह वह स्थान है जो पैराग्लाइडिंग के लिए विश्व प्रसिद्ध है। पालमपुर से लगभग 29 किलोमीटर की दूरी पर स्थित यह एक रोमांचक स्थल है। यहां अंतरराष्ट्रीय स्तर पर पैराग्लाइडिंग प्रतियोगिताएं संपन्न होती हैं। बता दें कि वर्ष 2015 में पैराग्लाइडिंग विश्व कप यहीं पर संपन्न हुआ था। इस स्थान पर जाए बगैर और पैराग्लाइडिंग का मजा लिए बिना आपकी यात्रा पूर्ण नहीं समझी जाएगी।

बैजनाथ मंदिर

शिव मंदिर बैजनाथ लोगों की आस्था व श्रद्धा का प्रतीक वह मंदिर है जो अपनी रोचकता, रावण से जुड़ी कथा, अपनी नक्काशी व शिल्प के लिए जाना जाता है। ऐसा माना जाता है कि दो व्यापारियों द्वारा इस भव्य मंदिर का निर्माण करवाया गया है। आश्चर्यजनक यह भी कि रावण के दिए श्राप के चलते यहां एक भी सोने की दुकान आपको नजर नहीं आएगी। बुजुर्ग इस बात को सुनाते हैं। पालमपुर से 17 किलोमीटर की दूरी पर यह बेहद ही दर्शनीय स्थल है।

चामुंडा देवी

एक अन्य दर्शनीय स्थल है चामुंडा देवी मंदिर। यह शक्तिपीठ दुनिया भर के लोगों की आस्था व श्रद्धा का केंद्र है। कहते हैं, यहीं धौलाधार के इस क्षेत्र में देवी ने चंड और मुंड को मारा था। यह मंदिर पालमपुर से 15 किलोमीटर की दूरी पर स्थित है। फ़िल्मी हस्तियां, नेता व अन्य चर्चित व्यक्ति इसके दर्शन करके खुद को निहाल पाते हैं।

सौरभ वन विहार

वीर सैनिक सौरभ कालिया (कारगिल युद्ध में शहीद) की याद में बना यह विहार पालमपुर से 3 किलोमीटर दूर है। यह खूबसूरत स्थान न्युगल खड्ड के किनारे स्थित है। यहां आप विभिन्न प्रकार के पक्षियों के दर्शन कर यहां के प्राकृतिक सौंदर्य को निहारते हैं। खड्ड के किनारे टहलते हुए आप एक अलग रोमांच को जीते हैं। यहां पर आप बोटिंग का आनंद भी ले सकते हैं।

चाय बागान

चाय के बागान सबको आकर्षित करते हैं। चाय के पौधों की एक बराबर हुई छंटाई के बाद ऊंची-नीची जगहों पर एक समरूपता लिए फैले ये पौधे न जाने किस जादू में सबको बांध देते हैं। पालमपुर का सबसे बड़ा आकर्षण इसके चाय बागान ही हैं। पालमपुर अपने चाय बागानों के

लिए विश्व भर में जाना जाता है। इसे 'चाय राजधानी' से भी अलंकृत किया जाता है। चारों ओर फैले चाय के बागानों के बीच से गुजरते हुए आप यहां की नायाब खुबसूरती को छूकर गुजरते हैं। यहां की सुंदरता आपको अपना दीवाना बना देती है। यहां आप कांगड़ा चाय का आनंद भी ले सकते हैं। चाय के इन पौधों को छू सकते हैं। मन करे तो इनके बीच जाकर आप फोटो भी खींच सकते हैं।

अन्य दर्शनीय स्थल

पालमपुर यहीं तक ही नहीं है बल्कि इसके आस-पास या थोड़ी दूरी पर आप बहुत से ऐतिहासिक, खूबसूरत, रोमांचक व दर्शनीय स्थलों का दीदार करते हैं। यह स्थान ऐसे हैं जिन्हें एक बार देख लेने के बाद आप दोबारा वहां अवश्य ही जाना चाहेंगे। आप कांगड़ा किला, कांगड़ा कला संग्रहालय, ज्वाला जी मंदिर, ब्रजेश्वरी देवी मंदिर, मैक्लोडगंज, धर्मशाला, धौलाधार नेशनल पार्क, त्रियुंड, करेरी झील, पोंग बांध, डल झील, धर्मशाला क्रिकेट स्टेडियम, भागसू नाग, युद्ध स्मारक, मसरूर का रॉक-कट मंदिर आदि प्रसिद्ध पर्यटन स्थलों को निहारकर अपनी यात्रा को यादगार बना सकते हैं।

कैसे पहुंचें

पालमपुर सड़क मार्ग से जुड़ा है। दिल्ली से पालमपुर लगभग 455 कि०मी०, चंडीगढ़ से 225 कि०मी० तथा शिमला से 207 कि०मी० दूर है। नजदीक का रेलवे स्टेशन जोगिंदर नगर (37 कि०मी०) तथा नजदीक का एयरपोर्ट गग्गल है जो 38 कि०मी० दूर है।

कब पहुंचें

यूं तो आप हर मौसम में यहां पहुंच सकते हैं। लेकिन बरसात के मौसम में आप यहां खूब बारिश में भीग सकते हैं। फरवरी से जून तथा सितंबर का मौसम बहुत सुहावना रहता है।

कहां ठहरें

यहां आपको ठहरने की कोई समस्या नहीं है। यहां जगह-जगह होटल, रेस्तरां आपके स्वागत में मिल जाएंगे जहां आपको हर सुविधा मिल जाएगी।

नोराह रिचर्ड्स हाउस

नोराह रिचर्ड्स समाधि

नोराह रिचर्ड्स थियेटर

सौरभ वन विहार

पालमपुर का चाय बगान

सरदार सोभा सिंह आर्ट गैलरी

चामुंडा माता मंदिर

बीड़ बिलिंग से उड़ान भरता पैरा ग्लाइडर

बीड़ बिलिंग से उड़ान भरने की तैयारी

बैजनाथ मंदिर

सांगला: अनछुई खूबसूरती की घाटी

हिमाचल प्रदेश एक ऐसा क्षेत्र है जहां पर्यटन पूरे वर्ष भर अपने यौवन में रहता है। यहां का हर स्थल पर्यटन की दृष्टि से अपने आप में निपुण है। लेकिन इनमें से कुछ एक स्थल ऐसे हैं जिन्हें देखने की तमन्ना हर एक शख्स पालता है क्योंकि ये स्थल व्यक्ति के मानसपटल पर प्रकृति के सौंदर्य और रोमांच की जो गाथा लिखते हैं वह शायद ही कोई कर पाता है। ऐसे ही स्थलों में से एक है किन्नौर जिले की सांगला घाटी जो अपने मनमोहक नजारों से किसी का भी दिल जीत लेती है। चण्डीगढ़, सोलन, शिमला, रामपुर और फिर अंत में किन्नौर जिले के बीच से गुजरते राष्ट्रीय उच्चमार्ग-22 पर जब हम कड़छम नामक स्थान पर पहुंचते हैं, तो यहीं से हम सांगला की ओर मुड़ जाते हैं। यहां से लगभग 17 कि०मी० की दूरी पर पूर्व दिशा की ओर सांगला स्थित है। इसी स्थान से किन्नौर जिला मुख्यालय रिकांगपियो 20 कि०मी० की दूरी पर उत्तर दिशा की ओर स्थित है।

विशेषताओं से सजे गांव

सांगला की ओर सफर करते हुए हम ब्रुआ, सापनी, सौंग, चांसु आदि गांव से मुलाकात करते हैं। इनमें हर गांव का अपना एक खास महत्त्व है। ये सभी गांव सांगला सड़क मार्ग के विपरीत बसपा नदी के दूसरी तरफ पहाड़ियों पर बसे हैं। सर्वप्रथम दृष्टिगोचर होने वाला ब्रुआ एक खूबसूरत व ऐतिहासिक गांव है। किन्नौर जिला से यह एक मात्र गांव है जिसने हिमाचल पर्यटन विभाग की 'हर गांव की कहानी' प्रोजेक्ट में स्थान पाया है। इसी दिशा में सांगला की ओर सौंग गांव है जो काला जीरा के लिए मशहूर है। उसके बाद सापनी और फिर चांसु गांव है। चांसु पत्थर की स्लेट के लिए जाना जाता है। इस गांव से निकलने वाली स्लेटों ने लगभग पूरे किन्नौर के घरों को ढका है। इस ओर सफर करते हुए बसपा नदी हमारे साथ-साथ चलती है। अतः इस घाटी को 'बसपा घाटी' के नाम से भी जाना जाता है। लगभग 95 कि०मी० लंबी सांगला (बसपा) घाटी किन्नौर की सबसे चित्ताकर्षक घाटी है।

सांगला का सौंदर्य

सांगला बसपा घाटी का सबसे बड़ा गांव है। यहां तक पहुंचने के लिए हमें उस खतरनाक सड़क मार्ग से सफर करना होता है जो हमेशा हमारे दिल में इन ऊंचाइयों से गिरने का डर बनाए रखता है। जब हम सांगला की सीमा पर दस्तक देते हैं तो इसके सौंदर्य को निहारते हुए हमारी आंखें खुली की खुली रह जाती हैं। कौन सोच सकता था कि इस खतरनाक रास्ते के पीछे भी एक ऐसी खूबसूरत दुनिया बसी हो सकती है जो तुरंत ही हमें अपने मोहपाश में बांध दे। सांगला गांव पहुंचने से 4 कि०मी० पीछे हमें जे०पी० कंपनी के बसपा नदी पर बनाए उस खूबसूरत बांध के दर्शन होते हैं जिससे बसपा पन विद्युत परियोजना द्वारा 300 मेगावाट बिजली का उत्पादन होता है। यह बांध सांगला के सौंदर्य में चार चांद लगाता है।

सांगला बाजार

जब हम सांगला पहुंचते हैं तो सबसे पहले हमें सांगला बाजार के दर्शन होते हैं जहां से हमें अपनी जरूरत की हर वस्तु मुहैया हो पाती है। पूर्णतयः लकड़ी के बने मकान, उनकी शैली हमारे आकर्षण का केन्द्र बनती है। बदलते समय के साथ लोगों ने अब ईंट-बजरी के मकान बनाना शुरू कर दिए हैं जो सांगला की खूबसूरती पर पर्दा डालते प्रतीत होते हैं। सांगला तथा इसके आस-पास के गांव सेब, खुबानी, चूली, बादाम, पलम, अखरोट आदि से लदकद रहते हैं। 'बैरिंग नाग' सांगला के प्रमुख देवता हैं।

फुलैच मेला

सितम्बर माह में देवता को समर्पित फुलैच मेले का आयोजन किया जाता है। इस मेले में इस घाटी के अलावा किन्नौर भर से लोग पहुंचकर देवता के प्रति अपनी श्रद्धा व आस्था का परिचय देते हैं। बैरिंग नाग देवता की खासियत है कि यह देवता लोगों की जमीन-जायदाद से सबंधित फैसले लेता है जो सबको मान्य होते हैं।

कुछ विशेष यह भी

सांगला घाटी किन्नौर की सबसे सुन्दर घाटी है। पूरे किन्नौर में सांगला ही एक ऐसा क्षेत्र है जो थोड़ा समतल है। इसके सौंदर्य का वर्णन वह शख्स अच्छी तरह से कर सकता है जिसने सही मायने में इसका दीदार किया हो। सांगला गांव में सांगला का वह प्रथम स्कूल आज भी विद्यमान है जो अंग्रेजों द्वारा शुरू किया गया था। इसके साथ ही एक ऐतिहासिक परंतु खूबसूरत जंगलात महकमे का विश्राम गृह भी है जिसका निर्माण अंग्रेजों द्वारा 1906 में करवाया गया था। सांगला से लगभग एक किलोमीटर दूर गंगारंग में शिव मंदिर है। जहां एक बड़ी चट्टान है जो दूर

से देखने पर शंख की तरह दिखती है। इस स्थान से निकलने वाला पानी पवित्र माना जाता है जो कई तरह के रोगों, खासकर चर्म रोगों के लिए औषधि का कार्य करता है। सांगला में जीरा फार्म भी है जहां जीरा और केसर उगाया जाता है। सांगला में भोजपत्र के पेड़ भी पाए जाते हैं। सांगला गांव की एक और सबसे बड़ी उपलब्धि यह है कि भारत के जनजातीय क्षेत्रों में सांगला ऐसा सबसे पहला गांव है जिसे सीवरेज की सुविधा से जोड़ा गया है। सांगला घाटी ट्रैकिंग के लिए भी काफी मशहूर है।

कामरु

सांगला के साथ उत्तर दिशा की ओर लगता गांव है कामरु। यह गांव अपने में हजारों वर्षों का इतिहास समेटे है। इस बात का गवाह यहां का पूर्णतयः लकड़ी से बना कामरु किला है जो आज भी अपना सिर गर्व से ऊंचा किए हुए इस बात की गवाही देता है। यहां तक रामपुर बुशहर रियासत का अधिपत्य था। यहां के प्रमुख देवता बद्री विशाल हैं जो कामरु के लोगों की अटूट आस्था व श्रद्धा के प्रतीक हैं। सांगला के साथ बसपा नदी को लांघकर दूसरी ओर कश्मीर गांव है। हरे भरे जंगल से सजा यह गांव बहुत ही सुन्दर है। इसी गांव में किन्नौर का एकमात्र ट्राउट मछली पालन केन्द्र भी है जो यहां आने वाले लोगों के लिए आकर्षण का बिन्दु है।

आजाद कश्मीर

सांगला के साथ ही बसपा नदी को पार करते ही हम एक खूबसूरत व छोटे से गांव 'आजाद कश्मीर' के दर्शन करते हैं। देवदार के घने पेड़ों के बीच स्थित यह गांव ट्राउट मछली पालन के लिए प्रसिद्ध है। ऊंची चोटियों से घने देवदारों के बीच से कल-कल बहती छोटी-छोटी कुल्हें और यह ठंडा पानी आपको एक अलग ही आनंद से सराबोर करता है। यहां एक बार जरूर होकर आएं। आपको बहुत अच्छा लगेगा।

बटसेरी

सांगला के साथ ही दक्षिण दिशा की ओर लगता गांव है 'बोनिंग सारिंग'। यह गांव भी सेब, खुबानी, चूली, चिलगोजा, अखरोट, पलम आदि के पेड़ों से लदा रहता है। हम यहां के लोगों के रहन-सहन और संस्कृति के उस हिस्से को छूते हुए उस स्थान पर पहुंचते हैं जहां बसपा नदी के उस पार दूसरा बड़ा और सुन्दर, स्वच्छ गांव 'बटसेरी' हमारा इंतजार कर रहा होता है। इस गांव के लिए हम पूर्णतयः लकड़ी से बना वह पुल पार करते हैं जो कुशल कारीगरों की तकनीक का बेजोड़ नमूना पेश करता है। इस पुल से रोजाना सैकड़ों लोग अपना सफर तय करने के लिए तथा घर वापिस आने के लिए इसे पार करते हैं। बटसेरी गांव हल्की-सी ढलान पर बसा एक बहुत ही सुन्दर गांव है। यह गांव भी फलदार पौधों से लबालब है। इस गांव की खास बात यह है कि यहां

का हर रास्ता आपको हर वक्त साफ और स्वच्छ ही नजर आएगा। गंदगी फैलाने वालों के लिए यहां सजा का प्रावधान है। इस गांव के देवता 'बद्री नारायण' हैं। यह देवता मंदिर काष्ठ कला का बेजोड़ नमूना है। मंदिर की छत पर जहां सूरज और चांद विराजमान नजर आते हैं वहीं इसकी दिवारों पर लकड़ी पर उकेरी गई हर धर्म के देवी-देवताओं और उनके गुरुओं की आकृतियां सचमुच ही इस मंदिर को ख़ास बनाती हैं। यदि सड़क मार्ग से बटसेरी पहुंचना हो तो यह सांगला से 7 कि०मी० की दूरी पर बसा है।

रक्षम

सांगला से ही लगभग 14 कि0 मी0 की दूरी पर बसा है गांव 'रक्षम'। इस गांव तक पहुंचने से पहले हम प्रकृति के उन हसीन नजारों से रू-ब-रू हो पाते हैं जिनका दीदार करने के लिए कब से हमारी नजरें लालायित थीं। यहां का नैसर्गिक सौंदर्य बरबस ही हमें अपनी ओर खींच लेता है। सड़क मार्ग के साथ-साथ तथा ऊपर पहाड़ी की ओर हमें ढेर सारे छोटे-बड़े पत्थरों की बाढ़ और उनके बीच में उगे हरे-भरे पेड़ कुछ इस तरह का सुन्दर दृश्य प्रस्तुत करते हैं जो अपने ऊपर से हमारी नजरें हटने नहीं देता। खरोगला से मस्तरंग तक ये ढेर सारे पत्थरों का सैलाब उस वक्त उमड़ा था जब यहां बादल फटा था और अपने साथ सारी मिट्टी बहाकर ले गया था और बदले में छोड़ गया था यह पत्थरों का अपार समूह। लेकिन ये सब आज प्रकृति के नैसर्गिक सौंदर्य में नया निखार लाते हुए प्रतीत होते हैं। सफर के दौरान हमें बसपा नदी के किनारे सजे तंबु के कमरेनुमा कैंप भी सजे नजर आते हैं जहां पर्यटक, ट्रैकर ठहरते हैं तथा ट्रैकिंग का भरपूर आनंद उठाते हैं। इन सब नजारों से घुलते-मिलते हुए हम रक्षम पहुंचते हैं। रक्षम गांव समुद्रतल से 2900 मी० की ऊंचाई पर बसपा नदी के दाईं ओर बसा एक छोटा-सा सुन्दर गांव है। रक्षम गांव का नाम दो शब्दों 'रक' और 'छम' से मिलकर बना है। 'रक' का अर्थ पत्थर तथा 'छम' का अर्थ पुल होता है। इस गांव का अर्थ यहां की भौगोलिक स्थिति को पूरी तरह से बयान करने में सक्षम है। मस्तरंग गांव में आई०टी०बी०पी० की पहली चौकी स्थित है। सेब का इलाका मस्तरंग तक ही है। उसके बाद सेब नहीं है।

छितकुल

समुद्रतल से ऊंचाई 3450 मी० पर बसा छितकुल भारत का अंतिम गांव है और सांगला घाटी का भी। अपने में गुम, अपने संघर्षों से अपना रास्ता तय करता यह गांव अनोखा है। यहां की यात्रा आपके रोमांच में जो अध्याय जोड़ती है वह आपको ताउम्र याद रहेगी। यह वादा है। यहां जरूर जाएं। यह यात्रा आपकी इस यात्रा में पूर्णता प्रदान करती है। छितकुल के रानीकंडा से आगे किसी भी नागरिक का जाना वर्जित है क्योंकि यहां से लगभग 65 कि०मी० आगे चीन की सीमा आरंभ हो जाती है।

सही समय

सांगला आने के लिए सही समय अप्रैल से सितम्बर अंत तक का है। मौसम के मिजाज़ को देखते हुए इस समय को आगे-पीछे किया जा सकता है।

कैसे पहुंचें

शिमला से हमें किन्नौर के लिए काफी बसें मिल जाती हैं। राष्ट्रीय उच्च मार्ग-22 पर शिमला से रिकांगपिओ तक का सफर लगभग 10 घंटे का है। आप रिकांगपिओ या फिर कड़छम से सांगला के लिए बस या फिर किराए की गाड़ी ले सकते हैं।

कहां ठहरें

सांगला में ठहरने की उचित व्यवस्था है। यहां आपको पी०डब्लयु०डी० का रैस्ट हाऊस, जंगलात महकमे का रैस्ट हाऊस व अन्य होटल तथा सराएं उपलब्ध हो पाएंगी। यही नहीं, यदि आपको एडवैंचरस कैंपों का मजा लेना हो तो बटसेरी में बंजारा कैंप, थेमगरंग में बैकुंठ कैंप, सांगला का इग्लू व किन्नर कैंप आदि आपकी राह ताक रहे होते हैं। सभी कैंप आधुनिक सुख सुविधाओं से सुसजित हैं।

❖

कामरु गांव के टॉप से नजर आता सांगला

कामरु किला

दूर से नजर आता कामरु गांव

1908 में बना फारेस्ट रेस्ट हाउस

देवता के साथ सांगला के लोग

देवता मंदिर परिसर

आजाद कश्मीर गांव

आजाद कश्मीर गांव में स्थित ट्राउट मछली केंद्र

आजाद कश्मीर में घूमते बच्चे

किन्नौर जाते हुए तरंडा ढांक का खतरनाक रास्ता

बटसेरी

रक्षम

बरोट : प्रकृति का खूबसूरत उपहार

हिमाचल के चप्पे-चप्पे को प्रकृति ने बेहद ही खूबसूरती से संवारा है। इस धरती से मुलाकात करने वाला हर शख्स मंत्रमुग्ध-सा होकर इसके नजारों को निहारता रहता है। ऐसे स्थानों की यहां भरमार है। इन्हीं में से एक है हिमाचल प्रदेश के मण्डी जिले का एक बेहद खूबसूरत स्थल 'बरोट'। दोनों ओर से धौलाधार पर्वत श्रृंखला से घिरा यह स्थान समुद्रतल से 1819 मी० ऊंचाई पर बसा है। बरोट का हर किनारा मनमोहक वादियों से सुसजित है। आइए, बारी-बारी से इन स्थलों की सैर पर चलते हैं।

झटींगरी

मण्डी-पठानकोट राष्ट्रीय उच्च मार्ग पर सफर करते हुए जब हम घटासनी नामक स्थान पर पहुंचते हैं तो वहीं से ही एक लिंक रोड हमें बरोट की तरफ मोड़ता है। इस सड़क पर सफर करते हुए हमें प्रकृति द्वारा सजाए उन खूबसूरत स्थानों के दर्शन होते हैं जिन्हें देखने के लिए नजर हमेशा तरसती रहती है। घटासनी से 4 कि०मी० दूरी पर बसा है गांव झटींगरी। यह बरोट के इस सफर पर सबसे ऊंचाई पर है। इसी स्थान पर हमें मण्डी रियासत के राजा के उन महलों के अवशेष नजर आते हैं जो कभी अपनी सुंदरता और निर्माण कला का जादू बिखेरा करते थे। यहां पर कुछ देर रुककर चाय का आनंद लिया जा सकता है।

टिक्कन

झटींगरी से आगे का सफर उतराई भरा है। सफर के दौरान हम एक ऐसे छोटे से गांव 'टिक्कन' से गुजरते हैं जो ऊहल नदी के किनारे बसा ऐसे प्रतीत होता है जैसे पर्यटकों के स्वागत के लिए आंखें बिछाए खड़ा हो। सर्दी के दिनों में खेत के पेड़ों पर लगाई गई सूखे घास की कुंदलियां ऐसे लगती हैं जैसे बच्चों के खाने के लिए 'बुड्ढी के बाल' गाड़ दिए गए हों।

बरोट बांध

टिक्कन से आगे लचकंडी, बरधान और बोचिंग गांवों को पार करते हुए हम जब बरोट पहुंचते हैं तो ऐसा लगता है जैसे हम किसी कल्पना लोक में पहुंच गए हों। आस-पास पहाड़ियों से घिरा बरोट एक छोटा-सा गांव है, जहां से होकर ऊहल नदी गुजरती है। जिस तरह की यहां की भौगोलिक स्थिति है ऐसा कोई नहीं कह सकता कि यहां भी एक इतनी बड़ी नदी हो सकती है। लेकिन कुदरत कुछ भी कर पाने में सक्षम है। इसी ऊहल नदी पर अंग्रेजों द्वारा एक बांध का निर्माण किया गया है जिसके द्वारा वर्तमान में 110 मेगावाट की शानन विद्युत परियोजना अपना कार्य करती है। यह बांध बरोट की खूबसूरती में चार चांद लगाता है। इसे देखने के लिए दूर-दूर से पर्यटक खींचे चले आते हैं। बरोट बांध से पानी 18 नंबर टनल पर निकलता है जो 4.33 कि०मी० लम्बी है।

रोप वे ट्रॉली : इंजीनियरिंग का अनोखा उदाहरण

मण्डी के जोगिंद्रनगर के समीप बरोट बांध को बनाने के लिए सन् 1928 में अंग्रेज इंजीनियर कर्नल बैटी ने एक रोप वे ट्रांबे ट्रॉली (हॉलेज ट्रॉली) का निर्माण करवाया था। इस बांध से 110 मेगावाट की शानन विद्युत परियोजना शुरू हुई थी। यह देश का पहला हाइड्रो पावर प्रोजेक्ट था। ट्रॉली की हैरान करने वाली बात यह है कि यह बिना इंजन के लोहे की रस्सियों के सहारे चलती है जिसका कंट्रोल अलग-अलग जगह पर हैं। इस बिना इंजन की ट्रॉली के जरिए बांध का सारा सामान जोगिन्द्रनगर से बरोट पहुंचाया गया था। यह ट्रॉली आज भी कार्य करती है। वर्तमान में यह ट्रॉली शानन से वींच कैंप, वींच कैंप से हैडगियर, हैडगियर से कथयाड़ (यह ट्रॉली का कंट्रोल प्वांट है), कथयाड़ू से जीरो प्वांट तक ही शेष बची है। पहले यह ट्रॉली बांध तक थी। यह इंजीनियरिंग का एक अनूठा उदाहरण है। कथयाड़ू से लेकर जीरो प्वांट के रास्ते को 'खूनी घाटी' के नाम से भी जाना जाता है क्योंकि यहां ट्रॉली लगभग 75-80 अंश के कोण पर चलती है। यह कइयों की जान भी ले चुकी है। यदि एक बार आप इस यात्रा को तय कर लेते हैं तो इसका रोमांच आप जिंदगी भर नहीं भूल सकते।

ट्राउट मछली केन्द्र

बरोट में ट्राउट मछली का मुख्य ब्रीडिंग सेंटर है। यह केन्द्र नगरु वन्यजीव अभयारण्य के अंतर्गत आता है। यहीं, साथ ही बने रेस्ट हाउस में आप कुछ दिन और रुक सकते हैं। आप यहां स्थित धौलाधार वन्यजीव अभयारण्य में कई प्रकार के पक्षियों को भी निहार सकते हैं।

देव पशाकोट

देव पशाकोट यहां के प्रमुख और शक्तिशाली देवता हैं। लोग सूखे की स्थिति में देव के मंदिर में वर्षा की मांग लेकर पहुंचते हैं। इन्हें 'वर्षा का देवता' भी कहा जाता है। इसके अलावा

यहां शक्ति माता और जख देवता के मंदिर भी है जिनके दर्शन किए बिना बरोट की यात्रा अधूरी ही मानी जाएगी।

मण्डी, कांगड़ा और पंजाब का संगम स्थल

बरोट, मण्डी, कांगड़ा और पंजाब का संगम स्थल है। यहां कांगड़ा जिले की सीमा आरंभ हो जाती है जिसकी पहली पंचायत मण्डी की तरफ से मुल्थान है। यहां ऊहल नदी पर लकड़ी का छोटा-सा अस्थाई पुल है जो मण्डी और कांगड़ा जिले को जोड़ने में अपनी महत्त्वपूर्ण भूमिका अदा करता है। ऊहल नदी वाला हिस्सा पंजाब सरकार के अधीन है। इतनी छोटी-सी जगह पर दो जिलों और एक अन्य राज्य की भूमिका आश्चर्य से भर देती है। बरोट में आलू, मटर, राजमाह आदि नकदी फसलें बहुतायत मात्रा में पैदा की जाती हैं।

ट्रैकिंग

बरोट से 'बड़ा गांव' (16 कि०मी०) और 'बीड़' (49 कि०मी०) तथा मण्डी जिले का अति दुर्गम क्षेत्र बड़ा भंगाल (लगभग 3 दिन का रास्ता) ट्रैकिंग के लिए बहुत ही माकूल जगहे हैं। इस पैदल और मुश्किल भरी यात्रा में जहां आप इन क्षेत्रों के समृद्ध सामाजिक, पारंपरिक और सांस्कृतिक पहलुओं को करीब से देख पाएंगे वहीं आप प्रकृति की खूबसूरती और इसके रोमांच को जीते हुए अपनी इस यात्रा को सफल मानेंगे।

अन्य दर्शनीय स्थल

यूं तो मण्डी जिला का हर कोना दर्शनीय है। लेकिन बरोट के नजदीक अन्य दर्शनीय स्थल हैं मण्डी की इंदिरा मार्केट, पूरा मण्डी शहर, भूतनाथ मंदिर, टारना माता मंदिर, हिमाचल दर्शन फोटो गैलरी, पण्डोह बांध, पराशर झील, लपास गांव व झरना, कोठी कोहर गांव आदि।

कब पहुंचें

बरोट घूमने का सही समय मार्च से अक्तूबर है। यदि बर्फ का आनंद लेना हो तो आप दिसंबर, जनवरी, फरवरी में यहां का रुख कर सकते हैं। लेकिन ख्याल रहे, यह सफर खतरनाक भी हो सकता है।

कैसे पहुंचें

बरोट आप किसी भी गाड़ी से पहुंच सकते हैं। फोरलेन के निर्माण से दूरियां कम हुई हैं। दिल्ली से बरोट की दूरी लगभग 455 कि०मी० तथा चण्डीगढ़ से लगभग 216 कि०मी० है। नजदीक का रेलवे स्टेशन जोगिन्द्रनगर तथा हवाई अड्डा भुंतर (कुल्लू) है।

❖

बरोट में उहल नदी पर बना पुल

रोप वे ट्रॉली

बरोट डैम

बरोट जाते हुए पहाड़ों का नजारा

बरोट रेस्ट हाउस

देव पशाकोट मंदिर

टिक्कन गांव

पेड़ों के साथ तरतीब से लटकी घास

उहल नदी का नजारा (मण्डी, कांगड़ा जिला और पंजाब की सीमा एक साथ)

बरोट में बहती ऊहल नदी

लपास झरना (बरोट)

डलहौजी : जिसकी दुनिया दीवानी

तड़कती-भड़कती गर्मी जब सताने लगे तो कोई भी व्यक्ति ठंडी छांह में रुकना चाहेगा। ऐसे में क्यों न हम डलहौजी की सैर पर निकल चलें! इस मौसम में यह एक बेहतर विकल्प है। डलहौजी की खूबसूरती देखते ही बनती है। घने वृक्षों की छांव में प्राकृतिक सौंदर्य से लबरेज एक ख़ास ऊंचाई लिए हुए, फूलों की महक से सजा यह स्थान एक अलग ही आभा लिए है। एक बार यहां आने वाला, बार-बार आना चाहता है। तो फिर देर किस बात की है। आइए, चलते हैं हम भी डलहौजी की ओर, गर्मी के इस मौसम को खुशनुमा बनाने।

डलहौजी

डलहौजी हिमाचल प्रदेश का एक खूबसूरत पर्वतीय पर्यटन स्थल है जो हिमालय की धौलाधार पर्वतीय श्रृंखला के पश्चिमी कोने पर स्थित है। इसे ब्रिटिश काल में लार्ड डलहौजी ने बसाया था। लॉर्ड डलहौजी के नाम पर ही इस स्थान का नामकरण हुआ। यह स्थान गर्मियों में उनकी सैरगाह थी। पूरा डलहौजी क्षेत्र समुद्रतल से 6000 से लेकर 9000 फुट की ऊंचाई लिए हुए है। डलहौजी को पांच हल्की-हल्की पहाड़ियों का संगम स्थल भी कहा जाता है।

डलहौजी के धार्मिक स्थल

डलहौजी एक ऐतिहासिक और धार्मिक स्थल है। डलहौजी क्योंकि अंग्रेजों के शासन काल में बसा है इसलिए यहां चर्चों का होना लाजमी है। यहां बहुत-सी चर्च हैं। जिनमें मुख्यतः सुभाष चौक के पास संत फ्रांसिस चर्च (निर्माण 1894 में), संत एंड्रयु चर्च (निर्माण 1903 में) जिसे स्कॉटलैंड की चर्च भी कहा जाता है, संत पैट्रीक चर्च (निर्माण 1909 में) यहां की सबसे बड़ी चर्च जो इसकी पत्थरों पर हुई नक्काशी के लिए काफी प्रसिद्ध है। संत जोहन चर्च यहां की सबसे पुरानी चर्च है और पूर्णतयः लकड़ी से बनी है। डलहौजी में ही स्थित लक्ष्मी नारायण मंदिर हिन्दुओं का आस्था स्थल है। ऐसा माना जाता है कि इसे 10वीं शताब्दी में बनाया गया है।

अजीत सिंह स्मारक

यह मशहूर क्रांतिकारी और सरदार भगत सिंह के चाचा अजीत सिंह का समाधि स्थल है। इसी स्थान पर उन्होंने 15 अगस्त, 1947 को आजादी के दिन अंतिम सांस ली थी।

पंचपुला

पंचपुला अर्थात 'पांच पुल'। मुख्य डलहौजी से लगभग 3 कि०मी० की दूरी पर बसा यह स्थल अपनी खूबसूरती के लिए प्रसिद्ध है और दुनिया भर के पर्यटकों को अपनी ओर आकर्षित करता है। यहां से पूरी डलहौजी के लिए पानी की सप्लाई होती है।

सतधारा

सतधारा अर्थात 'पानी की सात धाराएं'। यहां का पानी अपने औषधीय गुणों के कारण जाना जाता है। सतधारा में स्थित स्तूप यहां की सबसे बड़ी खासियत है। यह स्तूप मौर्य और सुंगा काल की सबसे बेहतरीन मूर्ति निर्माण कला का उदाहरण प्रस्तुत करता है।

डलहौजी मार्केट

डलहौजी मार्केट छोटी है लेकिन जरूरत की हर चीज आपको यहां आसानी से उपलब्ध हो जाती है। यहां के होटल और ढाबों में आप तरह-तरह के स्थानीय व अन्य इलाकों के स्वादिष्ट व्यंजनों का लुत्फ उठा सकते हैं। यहां की तिब्बती मार्केट बहुत मशहूर है।

सुभाष बावली

मुख्य डलहौजी से एक किलोमीटर की दूरी पर स्थित सुभाष बावली अपने ऐतिहासिक और प्राकृतिक नजारों के लिए काफी प्रसिद्ध है। यहां की खूबसूरती पर्यटकों के दिलों में राज करती है। इस स्थान का अपना ऐतिहासिक महत्व है। 1937 में नेताजी सुभाषचंद्र बोस ने यहां लगभग पांच महीने का वक्त गुजारा था। जानकारी बताती है कि टी बी की बिमारी से निजात पाने के लिए वे यहां अपने मित्र के पास पहुंचे थे। वे रोजाना सुबह सैर पर निकलते तो इस बावड़ी का पानी पीते। इस शुद्ध जल और यहां के वातावरण ने उन्हें पूर्ण स्वस्थ कर दिया था। उन्हीं के नाम पर इस स्थान का नाम 'सुभाष बावली' रखा गया।

कालाटोप

मुख्य डलहौजी से 8.5 कि०मी० की दूरी पर बसा कालाटोप डलहौजी के पर्यटन में जान फूंकने जैसा काम करता है। कालाटोप एक वाइल्ड लाइफ सेंचुरी क्षेत्र है। यहां आप वन्यजीवन के विभिन्न पहलुओं को करीब से देख पाते हैं। यहां कालाटोप रेस्टहाउस भी है। कालाटोप का

नैसर्गिक सौंदर्य हिमाचल पर्यटन में अपनी बेहतरीन भूमिका निभाता है। यह रोमांच प्रेमियों के लिए बहुत शानदार स्थल है।

डैन कुंड पीक

लक्कड़मण्डी से बाईं ओर कालाटोप तथा दाईं ओर मशहूर डायन (डैन) कुंड है। डैन कुंड की खुबसूरती देखते ही बनती है। यह डलहौजी का ऊंचाई में बसा स्थान है। यहां से प्राकृतिक सौंदर्य का अनूठा दृश्य आपका मन मोह लेता है। समुद्रतल से 2750 मीटर पर स्थित यह ऊंची चोटी सबको अपने आकर्षण में बांधती है। आप यहां जब आएंगे तो इस बात को स्वयं महसूस करेंगे।

अन्य दर्शनीय स्थल

डलहौजी से मशहूर खजियार झील 22 कि०मी०, डी०पी०एस० (डलहौजी पब्लिक स्कूल) लगभग 3 कि०मी०, बकरोटा हिल्स, लक्कड़मण्डी, चंबा 45 कि०मी० तथा बनीखेत मुख्य दर्शनीय स्थल है।

कैसे पहुंचें

डलहौजी तक पक्की सड़क सुविधा होने के कारण आप बस, टैक्सी आदि किसी भी वाहन से यहां आसानी से पहुंच सकते हैं। सड़क मार्ग से दिल्ली से डलहौजी की दूरी 555 कि०मी०, चंडीगढ़ से 316 कि०मी० और शिमला से 336 कि०मी० है। नजदीक का रेलवे स्टेशन पठानकोट तथा हवाई अड्डा गगल (कांगड़ा) है।

यात्रा का सही समय

डलहौजी की यात्रा का सही समय अप्रैल से अक्टूबर है। अन्य महीनों में यहां बर्फबारी होती है जिसके चलते काफी ठंड बढ़ जाती है। बर्फ का आनंद लेने बहुत से पर्यटक यहां पहुंचते हैं। लेकिन ख्याल रखें, इन दिनों मौसम की पूरी जानकारी लेकर ही आएं अन्यथा मौसम की विपरीत परिस्थितियां आपको मुसीबत में भी डाल सकती हैं।

❖

संत जोहन चर्च

डलहौजी मुख्य बाजार

गांधी चौक

अजीत सिंह स्मारक

सतधारा

संत जोहन चर्च दाखिला गेट

पंजपुला

डैन कुंड पीक (नेट से साभार)

संत फ्रांसिस चर्च का गेट

करसोग : प्राकृतिक सौंदर्य, आस्था और रहस्यों की घाटी

हिमाचल का चप्पा-चप्पा प्राकृतिक सौंदर्य से लबरेज है और इन्हें निहारने के लिए कोई भी पर्यटक लालायित रहता है। प्राकृतिक सौंदर्य के इन्हीं हिस्सों में से एक है जिला मण्डी की 'करसोग घाटी' जिसका सम्मोहन देखते ही बनता है। चारों ओर से पहाड़ की चोटियों से घिरा और बीच में एक छोटा-सा समतल क्षेत्र प्रकृति की खूबसूरती का वह नजारा प्रस्तुत करता है कि देखने वाला इसके सौंदर्य को अवाक-सा देखता ही रह जाता है। समुद्रतल से 1404 मी० की ऊंचाई पर स्थित यह क्षेत्र हिमालय की पीरपंजाल पर्वत श्रृंखला का एक हिस्सा है। यह घाटी अपने समृद्ध पारंपरिक रीति-रिवाजों, प्राचीन मंदिरों व अनूठी संस्कृति तथा अन्य हैरान कर देने वाली कई घटनाक्रमों के लिए जानी जाती है। इसे 'सेब की घाटी' भी कहा जाता है। यहां के देवदार, रई, चील (चीड़), खुबानी, अखरोट, बादाम आदि के पेड़ इस क्षेत्र के सौंदर्य में चार चांद लगाते हैं। प्राकृतिक सौंदर्य, आस्था और रहस्यों की इस घाटी में बहुत से ऐसे स्थल हैं जो आपकी यात्रा को सुखमय बनाते हैं।

ममलेश्वर महादेव

करसोग से दो किलोमीटर की दूसरी पर स्थित यह मंदिर बहुत ही प्राचीन है। इसे पांडव काल से भी पुराना माना जाता है। इस मंदिर के दो खास आकर्षण हैं जो सबको अचंभित करते हैं। एक यहां रखा बड़ा-सा भेखल की झाड़ी (यह झाड़ी आमतौर पर 15-20 से०मी० तक परिधि और 9-10 फुट ऊंची होती है) से बना लगभग डेढ़ फुट ब्यास का ढोल तथा दूसरा, एक बड़ा लगभग 150 ग्राम वजन (आकार में इतना कि आपकी पूरी हथेली भर जाए) का कनक का दाना, जिसे सतयुग के समय का माना जाता है। करसोग के माहुंनाग के मंदिर तथा सुन्दरनगर के महादेव गांव के शिव मंदिर में भी इस भेखल की झाड़ी के शेष भाग के ढोल विद्यमान हैं।

बुजुर्गों के अनुसार, इस मंदिर परिसर तथा इसके आस-पास सैकड़ों शिवलिंग दबे हैं जो इस स्थान की महत्ता और लोगों की आस्था को बयान करते हैं। इस मंदिर के साथ ही एक प्राचीन मंदिर है जिसे नहीं खोला जाता। लेकिन यहां के बुजुर्गों के अनुसार, इस मंदिर में पांडवकाल से जुड़ी वस्तुएं संग्रहित हैं।

माहुंनाग

माहुंनाग का मंदिर यहां के बखारी गांव में स्थित है। माहुंनाग को महाभारत के कर्ण का रूप माना जाता है। माहुंनाग सुकेत रियासत के लोगों का पुजनीय देवता है। सुंदरनगर, जिसे पहले सुकेत पुकारते थे, में चैत्र नवरात्रि में लगने वाले देवता मेला में माहुंनाग की भूमिका मुख्य देवता के रूप में होती है। इस देव की उपस्थिति ही मेले को पूर्ण करती है। माहुंनाग लोगों की सांप, बिच्छू, कीड़े-मकौड़े आदि जहरीले कीटों से रक्षा करते हैं। माहुंनाग का मंदिर शिमला मार्ग पर करसोग से लगभग 40 कि०मी० की दूरी पर स्थित है।

कामाक्षा देवी

कामाक्षा देवी यहां की प्रमुख पुजनीय देवी है। इसे स्थानीय लोग 'कामाख्या' या 'काओ' माता कहकर भी पुकारते हैं। यह मंदिर माता पार्वती को समर्पित है। ऐसा माना जाता है कि इस स्थान पर माता की जीभ गिरी थी। यहां पूरे वर्षभर और शिवरात्रि के दौरान हजारों की संख्या में श्रद्धालु शीश नवाते हैं।

पांगणा

करसोग से लगभग 25 कि०मी० दूर (मण्डी की ओर) पांगणा एक दर्शनीय गांव है। पांगणा किसी समय सुकेत रियासत की राजधानी थी। यहां स्थित देवी महामाया (देवी कोट) का लकड़ी और पत्थर के मिश्रण से बना लगभग 50 फुट ऊंचा मंदिर एक ऐतिहासिक और पूजनीय स्थल है। इस मंदिर का निर्माण लगभग 1240 वर्ष पहले हुआ माना जाता है। देवी महामाया सुकेत के शासकों तथा लोगों की पूजनीय देवी है। सेब, खुबानी, पलम, अखरोट, बादाम के पेड़ों से सजे पांगणा की खूबसूरती देखते ही बनती है।

चिण्डी

चिण्डी करसोग का एक बेहद ही रमणीय स्थल है। करसोग से लगभग 10 कि०मी० पीछे (मण्डी की ओर) बसा यह पूरा इलाका प्राकृतिक सौंदर्य से लदकद बहुत ही खूबसूरत जगह है। यहां का चिण्डी रेस्ट हाऊस पर्यटकों के ठहरने का पूरा प्रबंध करता है। यहां से दिखने वाले इस घाटी के दिलकश नज़ारे सबको अभिभूत करते हैं। चिण्डी माता मंदिर यहां के लोगों की आस्था

का प्रतीक है।

तत्तापानी

तत्तापानी सल्फरयुक्त गरम पानी के चश्मों के रूप में जाना जाता है। इन चश्मों में बैसाखी के दिन लगने वाले मेले, बीस भादो तथा अन्य पर्वों पर यहां पवित्र स्नान किया जाता है। करसोग से शिमला मार्ग पर जाते हुए हमें इस इलाके के दर्शन सुलभ होते हैं। यहां पहले सबको एक बात हैरान करती थी। वह यह है कि एक तरफ ठंडे पानी को साथ लिए सतलुज नदी है और इसी नदी के बगल में ये गर्म पानी के चश्में (छोटे-छोटे पोखर) फूट रहे होते थे। यह किसी अजूबे से कम नहीं था। लेकिन अब सतलुज नदी पर सलापड़ के पास हरनोड़ा में कोल डैम के बनने से गरम पानी के ये चश्में डैम के पानी में ही समा गए हैं। इनका अस्तित्व सदा के लिए मिट गया है। अब वह धार्मिक स्नान का स्थान सिर्फ लोगों की जुबान और चित्रों तक ही सीमित रह गया है। हालांकि इन चश्मों को नई जगह पर पाइप द्वारा स्थानांतरित कर दिया गया है, परंतु उसमें वह बात कहां!

करसोग बाजार

करसोग बाजार आपकी हर जरूरत को पूरा करता है। यहां से आप ठेठ हिमाचली चीजें, वस्त्र आदि के साथ बादाम, सेब, खुबानी आदि फलों की खरीददारी व ढाबों, होटलों में मण्डी के पारंपरिक व्यंजनों का स्वाद ले सकते हैं।

ट्रैकिंग

करसोग घाटी आपको ट्रैकिंग का मौका भी प्रदान करती है। करसोग से वाया कंडावाई होते हुए जंजैहली घाटी में स्थित माता शिकारी देवी के मंदिर तक का यह ट्रैकिंग रूट बेहद ही अच्छा है। यह रूट जहां हमें रोमांच से सराबोर करता है वहीं हमें प्रकृति के बहुत ही करीब ले जाता है।

करसोग के आस-पास धमूनी मंदिर, मगरू महादेव मंदिर, देव बड़योगी, तेबनी महादेव आदि अन्य दर्शनीय स्थल हैं। इन जगहों की सैर जहां आपको आस्था और भक्ति से सराबोर करेगी वहीं प्राकृतिक सौंदर्य और रोमांच से भी रू-ब-रू करवाएगी।

कब जाएं

करसोग आप पूरे वर्ष कभी भी दस्तक दे सकते हैं। लेकिन मार्च से नवंबर तक का समय यात्रा के लिए सबसे उपयुक्त है। बाकी महीनो में बर्फ के कारण रास्ते बंद होने का खतरा बना रहता है।

कैसे पहुंचें

पक्की सड़क सुविधा के चलते आप किसी भी वाहन द्वारा यहां पहुंच सकते हैं। वैसे इस इलाके के लिए शिमला, सुन्दरनगर से नियमित बसें भी चलती हैं। सुंदरनगर से करसोग की दूरी 100 कि०मी०, शिमला से 105 तथा चण्डीगढ से 275 कि०मी० है। करसोग से नजदीक का रेलवे स्टेशन शिमला तथा नजदीक का हवाई अड्डा भी शिमला ही है।

❖

बर्फ के दिनों में करसोग घाटी

धमूनी मंदिर

ममलेश्वर महादेव मंदिर

चिण्डी माता मंदिर

देवी महामाया मंदिर (पांगणा)

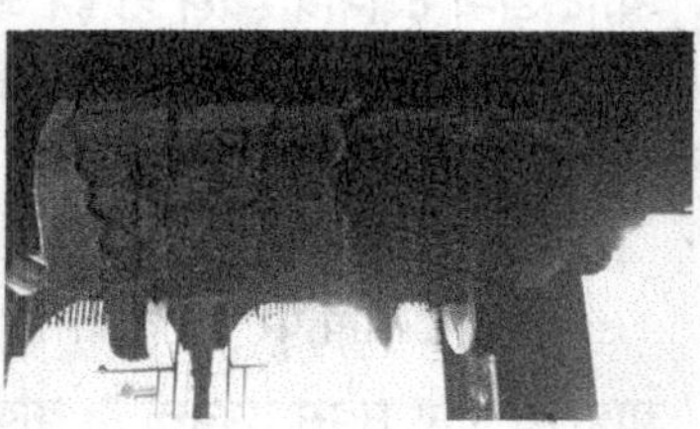

भेखल की झाड़ी से बना ढोल

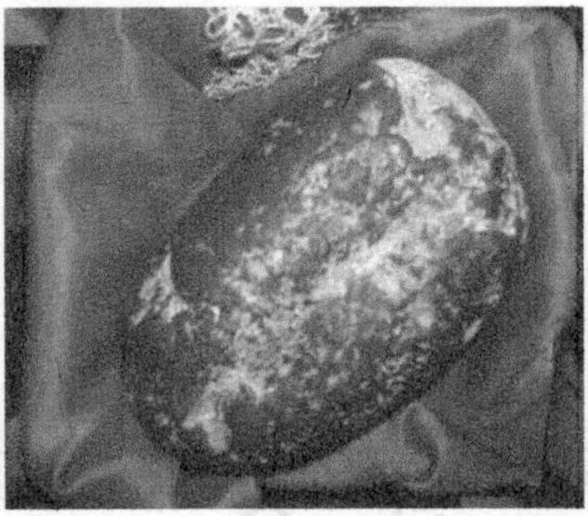

गेहूं का बड़ा दाना (इंटरनेट से साभार)

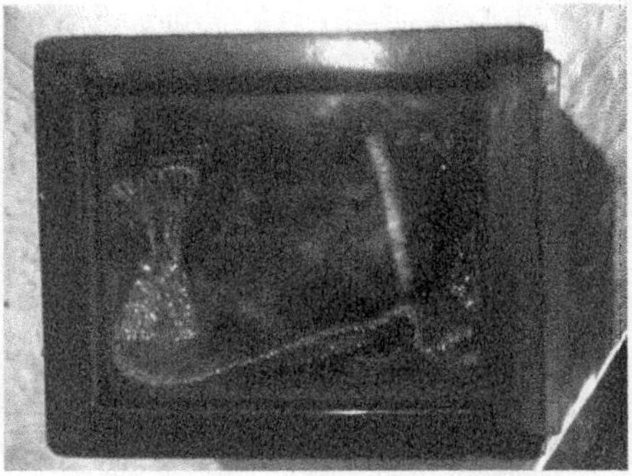

गेंहू का दाना जो वर्तमान से बॉक्स में बंद रहता है

मूल माहुंनाग बखारी के प्रांगण से गांव का दृश्य

मूल माहुंनाग का रथ

माहूंनाग का मंदिर

नग्गर : जिसे देखे बगैर कुल्लू-मनाली की यात्रा है अधूरी

कुल्लू-मनाली दुनिया भर में अपनी प्राकृतिक खूबसूरती के लिए जाना जाता है। हर पर्यटक अपने जीवन में इसे एक बार तो जरूर निहारने की इच्छा रखता है। यही कारण है कि वर्ष भर यहां पर्यटकों का तांता लगा रहता है। कुल्लू से मनाली की ओर थोड़ा-सा आगे ही राष्ट्रीय राजमार्ग-21 पर पतलीकुल्ह से लगभग 5 कि०मी० की दूरी पर ब्यास नदी को पार करके हम एक ऐतिहासिक स्थान 'नग्गर' पहुंचते हैं। यह वह जगह है जिसे देखे बिना आपकी कुल्लू-मनाली की यात्रा अधूरी ही मानी जाएगी। कुल्लू के इतिहास और सांस्कृतिक पहलू की जड़ें यहीं पर विद्यमान हैं।

नग्गर था कभी राजधानी

ऐतिहासिक गांव नग्गर में आपको आज भी प्राचीन काष्ठकुणी शैली (केवल लकड़ी और पत्थर से निर्मित) में बने परंपरागत मकान मिलेंगे जो इसके आकर्षण को और बढ़ा देते हैं। नग्गर को राजा विशुद्ध पाल ने बसाया था। यह शताब्दियों तक कुल्लू की राजधानी रहा है। बता दें कि जगतसुख कुल्लू राज्य की सबसे प्राचीन राजधानी रही है। यहां से नग्गर की दूरी 12 कि०मी० तथा मनाली की दूरी मात्र 6 कि०मी० है।

नग्गर कैसल से चलता था शासन

नग्गर कैसल नग्गर के प्रमुख आकर्षणों में से एक है। काष्ठकुणी शैली में बना यह किला जहां हिमाचल की विश्व धरोहरों में से एक है और वहीं यह पर्यटकों के आकर्षण का केन्द्र भी है। सैकड़ों वर्षों तक कुल्लू के राजाओं ने यहां से अपना शासन चलाया है। यह ऐसी जगह पर बसाया गया है जहां से राजा लगभग पूरी कुल्लू घाटी पर नजर रख सकता था। कहा जाता है, इसे बनाने में 2000 देवदार के पेड़ों का इस्तेमाल हुआ है। वर्तमान में हिमाचल पर्यटन निगम ने इसे

एक होटल का रूप दिया है जो पर्यटकों को यहां ठहरने पर राजशाही ठाठ का अनुभव करवाता था। यहां पर फिल्म, अलबम आदि की शूटिंग भी होती रहती है।

'जगती पट' का देवताओं से नाता

किले के परिसर में ही एक चौड़ी शिला भी है जो 'जगती पौट' या 'जगती पट' {अर्थात जगत का पाट (शिला)} के नाम से जानी जाती है। इस शिला की देवताओं के सिंहासन के रूप में मान्यता है। कहते हैं, देवताओं ने स्वंय इस शिला को यहां स्थापित करके एक समय नग्गर को भीषण अकाल से बचाया था।

रोरिक आर्ट गैलरी

रोरिक आर्ट गैलरी नग्गर का दूसरा प्रमुख आकर्षण है। यह गैलरी महान रुसी चित्रकार निकोलस रोरिख की देन है। जब वे कुल्लू आए तो उन्हें नग्गर गांव ऐसा भाया कि वे यहीं के ही होकर रह गए। उनकी दुर्लभ पेंटिग्स रोरिख आर्ट गैलरी में रखी गई हैं जो यहां रोजाना आने वाले पर्यटकों को अपने मोहपाश में बांध देती हैं। इन पेंटिंग्स में आपको हिमालय और इनमें रहने वाले लोगों के जीवन की विभिन्न शेड्स मिलेंगी। यह कहना गलत न होगा कि यहां निकोलस रोरिख की कला का जादू विद्यमान है। इन पेंटिग्स की खास बात यह है कि इन्हें बनाने में रोरिख ने उन प्राकृतिक रंगों का इस्तेमाल किया है जो उन्होंने यहां की वनस्पति से स्वयं तैयार किए थे। उन्होंने यहां 'उरुस्वति' नामक संस्था की नींव भी रखी। यह संस्था जहां चित्रकारिता के विकास के प्रति वचनबद्ध है वहीं यह विश्व के अध्यात्मिक और नैतिक विकास के कार्यों के लिए भी कटिबद्ध है।

कला संग्रहालय

यहां हिमालय लोक एवं जनजातीय कला संग्रहालय भी स्थापित किया गया है। इसे 'उरुस्वती' के नाम से जाना जाता है। यहां उन पुरानी चीजों को रखा गया है जो रोरिक की रहीं और रोरिक को उनके मित्रों ने उपहार के रूप में दी थी। इन्हें रोरिख और उनका परिवार अपने दैनिक जीवन के उपयोग में लाते थे। इसके अलावा यहां देश-विदेश के चित्रकारों की पेंटिग्स भी रखी गई हैं जो अवश्य ही यहां आने वाले हर शख्स को लुभाती हैं। यहां एक ड्राइंग स्कूल भी है जिसमें चित्रकार कला की बारीकियों को सीखते हैं।

धार्मिक स्थलों का आकर्षण

नग्गर में बहुत से मंदिर हैं। यहां आपको देवी त्रिपुरा सुंदरी, गौरी शंकर का पाषाण मंदिर, चामुंडा माता, वासुकी नाग, मुरलीधर मंदिर आदि मंदिरों के दर्शन होते हैं। नग्गर में आपको स्थानीय से लेकर मध्यकालीन पहाड़ी शिखर शैली के मंदिर मिलेंगे। इनकी खूबसूरती और

वास्तु शैली हमें अपनी ओर खींचती है।

नग्गर के आस-पास

नग्गर के आस-पास मनाली, वशिष्ठ, सोलंगनाला, रोहतांग पास, अटल टनल, बिजली महादेव, मनीकर्ण, कसोल, तीर्थन वैली तथा मुख्य कुल्लू दर्शनीय स्थल हैं। ट्रेकिंग के शौकीन जलोड़ी पास, पिन पर्वत और चंद्रखनी पास आदि स्थानों पर अपना शौक पूरा कर सकते हैं। तो फिर देर किस बात की है। चलिए, चलते हैं इस बार नग्गर की सुंदर वादियों में।

सही समय

वैसे नग्गर आप पूरे वर्षभर में कभी भी आने का प्रोग्राम बना सकते हैं लेकिन सर्दी में आपको गर्म कपड़ों का विशेष ध्यान रखना होता है। तभी तो आप बर्फ के साथ यहां की सुंदर वादियों का भरपूर आनंद ले पाएंगे। फिर भी, जब भी आपका यहां आने का मन हो तो मौसम और सड़क मार्ग का पता करके ही अपने स्थान से चलें।

कैसे पहुंचें

आप नग्गर तक किसी भी वाहन द्वारा पहुंच सकते हैं। कुल्लू तक विभिन्न परिवहन निगमों की बहुतेरी बसें हैं। दिल्ली से नग्गर 387 कि०मी०, चंडीगढ़ से 183 कि०मी० तथा शिमला से 146 कि०मी० की दूरी पर है। नग्गर के नजदीक का रेलवे स्टेशन जोगिंद्रनगर (145 कि०मी०) है और नजदीक का एयरपोर्ट भुंतर (32 कि०मी०) है। फोरलेन के बनने से दूरियां भी कम हो गई हैं।

❖

नग्गर गांव

नग्गर जाते हुए कुल्लू का सौंदर्य

त्रिपुरा सुंदरी मंदिर

गौरी शंकर मंदिर

रोरिख आर्ट गैलरी

पारंपरिक घर

हिमालय लोक एवं जनजातीय संग्रहालय (उरुस्वति)

संग्रहालय के भीतर का दृश्य

नग्गर कैसल का प्रांगण

खजियार : भारत का मिनी स्विट्जरलैंड

हिमाचल प्रदेश का चंबा जिला एक बेहद ही खूबसूरत क्षेत्र है। इसकी खूबसूरती का राज यहां के विभिन्न स्थानों में बिखरा प्राकृतिक सौंदर्य है। और इसी सौंदर्य से लबरेज है 'खजियार'। समुद्रतल से 2000 मी० की ऊंचाई लिए खजियार पश्चिम हिमाचल की धौलाधार पर्वत श्रृंखला के धरातल में बसा है। खजियार का नाम यहां स्थित 'खज्जी नाग' के मंदिर के कारण पड़ा माना जाता है। इस स्थल की भौगोलिक सरंचना के कारण 1992 में यहां पहुंचे स्विट्जरलैंड के वाइस काउंसलर विली ब्लेजर ने इसे 'भारत का मिनी स्विट्जरलैंड' की संज्ञा से नवाजा था। यहां आपको एक ही स्थान पर झील, चरागाह और वनों का दुर्लभ संयोग मिलता है जो इसकी सुंदरता में और भी निखार लाता है। खजियार तथा इसके आस-पास बहुत-सी सुंदर जगहें हैं जो आपकी यात्रा को सुखद बनाती हैं।

खजियार झील

'खजियार झील' खजियार का मुख्य आकर्षण है। चारों ओर से घने देवदार के जंगल और हरे मैदान के बीचोबीच स्थित इस झील का आकर्षण ऐसा है कि देखने वाला बस देखता ही रह जाता है। इसे देखते ही मन में एक अलग ही सुकून सा भर जाता है। इस पूरे हरे-भरे मैदान के मध्य में यह झील प्राकृतिक सौंदर्य का नया अध्याय गढ़ती है। झील के किनारे पूरे वर्षभर कई प्रकार के रोमांचक खेल चलते रहते हैं जो पर्यटकों के लिए एक अन्य आकर्षण है।

खज्जीनाग मंदिर

12वीं शताब्दी में बना खज्जीनाग का यह मंदिर लोगों की गूढ़ आस्था और श्रद्धा का प्रतीक है। नाग को समर्पित इस मंदिर में नाग की मूर्तियों के अलावा मंडप में पांडवों द्वारा कौरवों पर हुई जीत की छवियों को छत की लकड़ी पर देखा जा सकता है। यह तथ्य इसकी ऐतिहासिकता को और समृद्ध करता है। हिंदू और मुगल शैली में बनी ये आकृतियां विशेष रूप से लुभाती हैं।

स्वर्ण देवी मंदिर

यह मंदिर वास्तुकला का एक बेहतरीन उदाहरण है। इसकी सुनहरे रंग की छत इसके सौंदर्य को बढ़ाती है। यह मंदिर मुख्य खजियार के साथ ही बना है। एक बार आप यहां जरूर होकर आएं। इसके चारों ओर भी प्रकृति ने दिल खोलकर अपनी खूबसूरती को बिखेरा है।

अन्य दर्शनीय स्थल

खजियार के आस-पास बहुत सुंदर जगहे हैं। जहां आपको अवश्य जाना चाहिए। आपकी इस यात्रा में ये स्थल सोने पे सुहागा जैसे साबित होंगे। आइए, बारी-बारी से इनकी सैर पर चलते हैं।

चंबा शहर

खजियार से 22 कि०मी० दूर एक अन्य दर्शनीय जगह है 'चंबा शहर'। चंबा शहर अपनी समृद्ध लोक संस्कृति व अनूठी परंपराओं के लिए जाना जाता है। यह एक ऐतिहासिक स्थान है। चंबा शहर से आप अपनी पसंद की हर चीज खरीद सकते हैं। चंबा जिला चंबा रुमाल, चंबा की चप्पल और यहां की अन्य ठेठ पारंपरिक चीजों के लिए प्रसिद्ध है। यहां आए हों तो इन्हें खरीदना न भूलें। यह चंबा की पहचान है।

भूरि सिंह संग्रहालय

चंबा में एक समृद्ध संग्रहालय है। जहाँ आपको अवश्य जाना चाहिए। इस संग्रहालय का नाम 'भूरि सिंह संग्रहालय' चंबा के राजा भूरि सिंह के नाम पर पड़ा है। इस संग्रहालय में आपको रियासतकालीन बहुमूल्य और नायाब चीजें देखने को मिलेंगी। इसके अलावा, प्राचीन सिक्के, पहाड़ी गहने, पारंपरिक वेशभूषा, शाही हथियार, कवच, संगीत वाद्ययंत्र व अन्य सजावटी वस्तुओं को भी संग्रह में शामिल किया गया है। इसका अवलोकन हमें रियासतकालीन इतिहास में ले जाता है।

लक्ष्मी नारायण मंदिर

10वीं शताब्दी में राजा साहिल वर्मन द्वारा बनाया गया लक्ष्मी नारायण का मंदिर चंबा शहर का मुख्य मंदिर है। शिखर शैली में बने इस मंदिर परिसर में राधा कृष्ण, शिव व गौरी आदि देवी-देवताओं के मंदिरों को भी शामिल किया गया है। चंबा पहुंचने वाले पर्यटक इन मंदिरों के दर्शन करने अवश्य पहुंचते हैं।

चौगान

चंबा का 'चौगान' एक ऐसा विस्तृत मैदान है जहां हर कोई थोड़ी देर बैठकर जरूर आराम करना चाहेगा। यहां से दिखने वाला चंबा का सुंदर नजारा हर किसी को अपने आकर्षण में बांध

देता है। यह मैदान हर वर्ष अगस्त माह में मनाए जाने वाले मिंजर मेले तथा वर्ष भर मनाए जाने वाले अन्य उत्सवों व कार्यक्रमों का गवाह बनता है।

भरमौर

खजियार से लगभग 64 कि०मी० दूर लगभग 7000 फुट की ऊंचाई पर चंबा का जनजातीय क्षेत्र भरमौर एक अन्य दर्शनीय इलाका है। यह एक कठिन और दुर्गम क्षेत्र है। भरमौर पहले चंबा की राजधानी थी। यहां मौसम के मिजाज को देखते हुए ही जाना चाहिए। जरा-सा मौसम खराब होते ही यहां बर्फबारी का नजारा भी देखा जा सकता है। यहां का शिखर शैली में बना चौरासी मंदिर परिसर पर्यटकों को अपनी ओर खींचता है। 7वीं शताब्दी में बना यह चौरासी मंदिर परिसर आज भी अपने धार्मिक महत्व और ऐतिहासिकता पर कायम है।

मणीमहेश झील

जिला चंबा की मणिमहेश झील एक बेहद ही रमणीय, रोमांचक व धार्मिक स्थल है। यहां हर वर्ष लोग मणिमहेश झील की पवित्र यात्रा करते हैं। यह यात्रा अगस्त मध्य से सितंबर मध्य के दौरान की जाती है। भरमौर से लगभग 28 कि०मी० की इस पैदल और बेहद कठिन ऊंचाई वाली इस यात्रा के लिए हर वर्ष दूर-दूर से हजारों की संख्या में श्रद्धालु भाग लेते हैं। 4183 मी० की ऊंचाई पर बसी यह झील भगवान शिव को समर्पित है। इस झील में इस दौरान किया गया स्नान पवित्र माना जाता है।

इसके अलावा, खजियार के आसपास आप भगवान शिव की विशालकाय 85 फुट ऊंची मूर्ति, पांच पांडव पेड़, तिब्बती हस्तशिल्प केंद्र, कालाटोप वन्य अभ्यारण्य, डलहौजी, डैनकुंड आदि की यात्रा का लुत्फ़ भी ले सकते हैं।

कब जाएं

अप्रैल से अक्तूबर का समय खजियार घूमने का सही है। उसके बाद के महीनों में बर्फबारी के चलते यहां जाना खतरनाक हो सकता है।

कैसे पहुंचें

खजियार तक सड़क मार्ग होने के कारण आप किसी भी वाहन द्वारा यहां पहुंच सकते हैं। दिल्ली से खजियार की दूरी लगभग 565 कि०मी० और चंडीगढ़ से 215 कि०मी० है। नजदीक का रेलवे स्टेशन पठानकोट (80 कि०मी०) तथा नजदीक के हवाई अड्डे पठानकोट (80 कि०मी०) तथा गग्गल (180 कि०मी०) कांगड़ा है।

❖

खजियार 1

खजियार 2

खज्जीनाग मंदिर

चामुंडा मंदिर से नजर आता पूरा चंबा

चंबा सहस्त्राब्दी द्वार

भूरि सिंह संग्रहालय

चंबा का चौगान

लक्ष्मी नारायण मंदिर समूह

खजियार 3

लक्ष्मी नारायण मंदिर

मणिमहेश झील

मणिमहेश झील के किनारे
श्रद्धालुओं द्वारा समर्पित किए गए झंडे

खजियार में विशाल शिव प्रतिमा

झील : जहां मन्नत पूरी होने पर फेंका जाता है सोना-चांदी

दुनियाभर में ऐसे बहुत से अनोखे रीति-रिवाज, परंपराएं व लोक मान्यताएं हैं जो किसी को भी हैरत में डाल देती हैं। इसी श्रृंखला में एक नाम आता है उस झील का जहां मनोकामना पूर्ण होने पर सोना, चांदी, नोट और सिक्के चढ़ाए जाते है। यह झील है 'कमरुनाग झील' जो हिमाचल प्रदेश के मण्डी जिला के अंतर्गत रोहाण्डा नामक स्थान से 6 कि०मी० की पैदल व थका देने वाली चढ़ाई चढ़ने के उपरांत समुद्रतल से 10938 फुट की ऊंचाई पर सरनाहुली में स्थित है। झील के बिल्कुल साथ ही है देव कमरुनाग का प्राचीन मंदिर। इस मंदिर की उपस्थिति के कारण इस झील को 'कमरुझील' की संज्ञा से भी नवाजा जाता है। झील की परिधि लगभग 400 मीटर है। देव कमरुनाग पांडवों के आराध्य देव हैं। यह स्थल जहां धार्मिक पर्यटन स्थल का पर्याय है वहीं यह ट्रैकर्स की भी पसंदीदा जगहों में शुमार हो गया है। यहां का प्राकृतिक सौंदर्य व आस-पास की घाटियां मन को लुभाती हैं।

रोचक कथा

कहा जाता है, जब द्वापर युग में महाभारत का युद्ध चल रहा था तो इस पहाड़ी प्रदेश के राजा रत्नयक्ष (जो त्रेतायुग में कमरुनाग के रूप में अवतरित हुए थे) ने हारने वाली सेना की तरफ से युद्ध लड़ने की घोषणा की। कौरवों की सेना उस समय हार रही थी। राजा रत्नयक्ष बहुत ही बलशाली और प्रतापी राजा थे। श्रीकृष्ण जानते थे कि यदि राजा रत्नयक्ष ने कौरवों की तरफ से युद्ध किया तो पांडवों की हार निश्चित है। अतः श्रीकृष्ण ने राजा रत्नयक्ष की परीक्षा लेकर उनका सर मांग लिया। रत्नयक्ष ने सिर तो काट कर दे दिया लेकिन उसके साथ-साथ उन्होंने महाभारत का युद्ध देखने की इच्छा भी जाहिर की। श्रीकृष्ण मान गए। रत्नयक्ष का कटा हुआ सर एक बांस के डंडे पर टांग दिया गया। यक्ष ने कटे हुए सर से युद्ध देखना शुरू किया। लेकिन जिस सेना की

तरफ वह क्रोध से देखते वह सेना हारने लगती और जिस सेना की तरफ प्यार भरी निगाह डालते वह जीतने लगती थी। श्रीकृष्ण ने देखा कि यदि यही सिलसिला चलता रहा तो युद्ध बिना हार-जीत के ही समाप्त हो जाएगा। अतः उन्होंने रत्नयक्ष से निष्पक्ष भाव से युद्ध देखने की प्रार्थना की। यक्ष मान गए और अंत में पांडवों की जीत हुई। वचनानुसार, हिमाचल में सरनाहुली नामक स्थान पर इस झील के किनारे राजा रत्नयक्ष की इच्छानुसार इनकी स्थापना का कार्य पूर्ण हुआ। रत्नयक्ष को पांडवों का आराध्य देव भी माना जाता है।

अनोखी परंपरा

कमरुनाग के मंदिर की यहां उपस्थिति के कारण झील को अब 'कमरुनाग झील' के नाम से जाना जाता है। पूरा मंदिर लकड़ी से तैयार किया गया है। मंदिर में कमरुनाग की पत्थर की प्राचीन मूर्ति विद्यमान है। मूर्ति के ऊपर भक्तगण श्रद्धानुसार फूल के साथ चावल चढ़ाते हैं। सदियों से यहां एक विशिष्ट परंपरा है। लोग मनोकामना पूर्ण होने पर भेंट मूर्ति पर न चढ़ाकर झील में फेंक देते हैं। इसी के चलते इस झील में सोने-चांदी के गहने, रूपये, सिक्कों आदि का अथाह भंडार है। इसको चढ़ाने का भी एक शुभ समय है। जब देवता को 'कलेया' लगेगी अर्थात भोग लगेगा तब ही।

मझाड़ा-मझाड़ी मंदिर

कमरुनाग से शिकारी देवी मंदिर की ओर जब हम थोड़ा चलते हैं तो हमें रास्ते के साथ एक बड़ी शिला नजर आती है। इसमें और साथ ही के पेड़ पर लोहे के रिंग, त्रिशूल, आदमी और पशुओं की आकृति में कटे लोहे के पत्तरे सजे रहते हैं जो श्रद्धालुओं ने अपनी मन्नत पूरी होने पर यहां चढ़ाए हैं। कहते हैं कि मझाड़ा-मझाड़िन (बांस का काम करने वाले करीगर) को कमरुनाग का मजाक बनाने के चलते कमरुनाग ने श्राप देकर पत्थर में बदल दिया था। लेकिन अपनी भूल का अहसास होते ही कमरुनाग ने उन्हें कहा था कि जब भी लोग मेरी पूजा करने आएंगे तो तुम्हारी भी पूजा की जाएगी। तभी उनकी पूजा पूर्ण मानी जाएगी।

शानदार ट्रैकिंग रूट

कमरुनाग झील तक की यात्रा ट्रैकिंग का एक बहुत ही शानदार विकल्प है। सुंदरनगर-करसोग मार्ग पर रोहाण्डा से लगभग 6 कि०मी० का यह ट्रैकिंग रूट बहुत ही दिलचस्प है। कच्चे, पथरीले, बड़ी-छोटी चट्टानों से होता हुआ यह रास्ता हमें उस ऊंचाई तक ले जाता है जो हमें जरा-सा मौसम खराब होते ही जेठ के महीने में भी दिसंबर की कंपकंपाती सर्दी का अहसास करवा देती है। बेहद थका देने वाले इस रूट से हमें कमरुनाग झील तक पहुंचने में साधारणतः दो से अढ़ाई घंटे तक का समय लग जाता है। यही नहीं, इस झील तक पहुंचने के लिए और

भी ट्रैंकिंग रूट आप अख्तियार कर सकते हैं। जिनमें चौकी, झुंगी, चैलचौक-सरोआ, जंजैहली वाया शिकारी या बूढ़ा केदार, ज्यूणी घाटी के जहल, शाला, देवीदहड़ और वाया मंडोगलु रूट प्रमुख हैं। ये सारे रास्ते जहां ट्रैकिंग का अपना रोमांच रचते हैं वहीं इन इलाकों में बिखरा प्राकृतिक सौंदर्य अपने सम्मोहन से यात्रियों की सारी थकान को छुमंतर कर देता है। ट्रैकिंग के शौकीनों को एक बार यहां अवश्य ही जाना चाहिए। यह ताउम्र की उनकी निश्चय ही बेहद स्मरणीय, आनंददायी, रोमांचक और खूबसूरत यात्रा होगी।

कमरुनाग से शिकारी देवी को भी ट्रैकर लगभग 7 घंटे की पैदल यात्रा कर ट्रैकिंग का लुत्फ उठा सकते हैं। बस, शर्त इतनी भर है कि अपने खाने-पीने का सामान साथ लेकर चलें क्योंकि यहां पूरे रास्ते में कोई भी बाजार या दुकान आपको नहीं मिलेगी। हां, मेले के दौरान कुछ अस्थाई दुकानें जरूर लग जाती हैं।

'वर्षा के देवता' के रूप में मान्यता

कमरुनाग को 'बड़ा देओ' भी कहा जाता है तथा इनकी मान्यता 'वर्षा के देवता' के रूप में भी है। सूखे की स्थिति में लोग कुल्लू, चच्योट, सुंदरनगर, मण्डी, बल्ह, करसोग आदि स्थानों से यहां आकर वर्षा हेतु पूजा-अर्चना करते हैं। कई लोग देव कमरुनाग को घटोत्कच के पुत्र बरबरीक का रूप भी मानते हैं। इसके पीछे उनका तर्क है कि बरबरीक एक शक्तिशाली राजा थे और उनका भी सर काट दिया गया था। कुरुक्षेत्र, जहां महाभारत का युद्ध लड़ा गया था वहां आज भी कमरुनाग की वीरता के किस्से सुनाए जाते हैं।

जड़ी-बूटियों की घाटी

कमरुघाटी में बर्फ पिघलने के उपरांत ढेरों जड़ी-बूटियां निकल आती हैं। बस, बात इतनी-सी है कि इनकी पहचान करने वाला कोई होना चाहिए। इस इलाके में सांप के फन की तरह की बूटी सभी यात्रियों को अपने आकर्षण में बांध देती है। इसे 'नागफनी' के नाम से जाना जाता है। इसकी संरचना देखने वालों को हैरत में डाल देती है। यही नहीं, ज्येष्ठ-आषाढ़ माह में पूरी घाटी में उग आए छोटे-बड़े आकार के फूल पूरी घाटी को अपने सौंदर्य से लबरेज कर देते हैं। इस दौरान 'लिंगड़' भी घाटी में बहुतायत मात्रा में उगता है जिसका स्वाद आपको अपना दिवाना बना देता है।

मेला

हर वर्ष आषाढ़ मास के प्रथम प्रविष्टे को यहां मेले का आयोजन किया जाता है जिसमें हजारों की संख्या में श्रद्धालु पहुंचकर देव कमरुनाग की महिमा का गुणगान करके उनका आशीर्वाद प्राप्त करते हैं। इसी दिन झील में फेंका जाता है ढेर सारा सोना, चांदी, रूपये तथा

सिक्के।

यात्रा का समय

कमरुघाटी में बरसात में घास के बढ़ जाने और नवंबर के अंत तक बर्फ गिर जाने के कारण यह पूरा रास्ता खतरनाक हो जाता है। इन मौसमों में यहां जाना अपनी जान को जोखिम में डालने वाली बात हो जाती है। यहां जाने का सही समय बसंत के बाद बर्फ पिघलने और बरसात से पहले का सबसे सही है। इस दौरान यहां हिमाचल के आस-पास के प्रदेशों से श्रद्धालु तथा इस रूट को जानने वाले देशभर के ट्रैकर दस्तक देते हैं।

कहां ठहरें

आषाढ़ मेले के अलावा लगभग पूरे वर्ष यह स्थान सुनसान व निर्जन रहता है। कमरुनाग मंदिर के नजदीक कोई घर नहीं है। लेकिन यदि मेले के आसपास जाएं तो यहां पर बनी सरायों में आप ठहर सकते हैं। शर्त यही है कि मंदिर का कोई कर्मचारी मौजूद होना चाहिए। यदि आप यहां नहीं रहना चाहते तो आप रोहाण्डा में बने वन विभाग के रेस्ट हाउस या फिर यहां के गेस्ट हाउस में भी ठहर सकते हैं। दूसरी तरफ से जाने वाले अपना ठहराव चैलचौक में कर सकते हैं।

कैसे पहुंचें

यहां आप बस या फिर अपने निजी वाहन या टैक्सी द्वारा पहुंच सकते हैं। सुंदरनगर-करसोग मार्ग पर 36 कि०मी० रोहाण्डा नामक स्थान तथा वाया चैलचौक-सरोआ, शाला या वाया मंडोगलु होकर आप गाड़ी में कमरुनाग के बेहद करीब पहुंच जाते हैं। शाला से कमरुनाग लगभग 19 कि०मी० की दूरी पर है। निकटतम हवाई अड्डा भुंतर (104 कि०मी०), रेलवे स्टेशन, जोगिन्द्र नगर (100 कि०मी०) है। चंडीगढ़ से इसकी दूरी 176 कि०मी० तथा दिल्ली से 371 कि०मी० है।

❖

कमरुनाग झील

कमरुनाग मंदिर में पूजा करते श्रद्धालु

झील में चढ़ाए गए रुपये और सोना-चांदी

यात्रा से वापसी पर श्रद्धालु

मझाड़ा-मझाड़ी के पास श्रद्धालु

पत्ते के रूप में देव कमरुनाग का रथ

कमरुनाग जी की मूर्ति

कमरुनाग का ट्रेकिंग रुट

कमरुनाग की यात्रा में प्राकृतिक सौंदर्य

भारत का अंतिम गांव 'छितकुल'

हिमाचल का पर्यटन यहां पहुंचने वालों के मन में प्रकृति के नैसर्गिक सौंदर्य की जो गाथा रचते हैं वह ताउम्र भुलाए नहीं भूलती। यहां के विभिन्न स्थलों का रोमांच और अनछुई खूबसूरती किसी को भी अपना दिवाना बना देती है। इन्हीं स्थानों में से एक है किन्नौर जिले की सांगला घाटी का अंतिम गांव 'छितकुल'। छितकुल सांगला के दक्षिण-पूर्व में चीन की सीमा के साथ लगता भारत का अंतिम गांव है। इसका दीदार हमें एक अलग ही हौसले से सराबोर कर देता है।

रोमांच व हिम्मत का सफर

किन्नौर में जब हम कड़छम पहुंचते हैं तो हम वहीं से ही एक अलग सड़क मार्ग पर मुड़ जाते हैं। यह सड़क मार्ग हमें सांगला लेकर जाता है। सांगला से ही हम छितकुल के लिए रवाना होते हैं। बता दें कि कड़छम में कड़छम-वांगतू बिजली परियोजना के लिए बांध बना है। यह बांध 1000 मेगावाट की बिजली का उत्पादन करता है। इसी बांध को निहारते हुए हम सांगला के उस रोमांचकारी अनुभव को जीने के लिए निकल पड़ते हैं जो हमें कई जगह पर डराता भी खूब है। सड़क मार्ग की ऊंचाई और फिर इस ऊंचाई से नीचे बसपा नदी को बहते देखना बड़ी हिम्मत का काम है। सांगला तक 17 किलोमीटर का यह सफर हमें ख़तरनाक पहाड़ी रास्तों का अहसास करवाता है। वैसे भी, किन्नौर का सड़क मार्ग दुनिया के सबसे खतरनाक सड़क मार्गों में से एक है। इस सफ़र का अनुभव हमें हमेशा ही रोमांच की ताजगी से सराबोर रखता है।

खूबसूरत सांगला

इस खतरनाक रास्ते को तय कर लेने के उपरांत आप अपने आप को एक अलग ही दुनिया में पाते हैं। यह और कोई नहीं बल्कि खूबसूरत सांगला है। सांगला एक छोटे से मैदानी इलाके में बड़े सलीके से बसा है। यहां मुख्य बाजार में आप अपनी जरूरत का सामान खरीद सकते हैं। आप यहां से किन्नौरी सेब, खुबानी, बादाम, पलम, न्योजा, चूली आदि फल खरीद सकते हैं। यह सब यहां के फल किन्नौर को विशेष बनाते हैं। हरी टोपी, दोहड़ू, बास्केट, कोट, गाची

आदि परंपरागत परिधान पहने लोग बाजार में घूमते नजर आएंगे। गर्मी हो या सर्दी, इनका यह परिधान हर मौसम में इनके साथ बना रहता है। यहां के अधिदेवता बैरिंग नाग के प्रति जहां लोगों की गूढ़ आस्था है वहीं पिरी नाग और माजेन नाग को भी लोग खूब पूजते हैं। बरसात के बाद सितंबर के महीने में देवता को समर्पित 'फुलैच मेला' भी यहां आयोजित किया जाता है। इसमें आप यहां की समृद्धि लोक संस्कृति का नजारा देख सकते हैं। बता दें, सांगला किन्नौर की सबसे सुंदर घाटी है।

छितकुल के रास्ते अन्य रमणीय स्थान

सांगला को तसल्ली से निहारने और भोजन आदि ग्रहण कर लेने तथा आगे के रास्ते के लिए जरूरी सामान ले लेने के पश्चात आप छितकुल के लिए अपनी यात्रा शुरू करते हैं। यदि आपके पास समय हो तो आप सांगला के पास ही ऐतिहासिक गांव कामरू जरूर होकर आएं। यहां आप कामरू किला के दर्शन करते हैं। यह किला रामपुर बुशहर रियासत का अभिन्न अंग था। यही नहीं, आप सांगला के साथ लगते एक अन्य खूबसूरत गांव आजाद कश्मीर में भी घूमें। देवदार के घने पेड़ों के बीच स्थित यह गांव ट्राउट मछली पालन के लिए प्रसिद्ध है। छितकुल की ओर कुछ किलोमीटर आगे चलकर आप चाहें तो किन्नौर के अन्य समृद्ध गांव बटसेरी के दर्शन भी कर सकते हैं। इस यात्रा के दौरान आपकी मुलाकात मस्तरंग, खरोगला, रक्षम आदि उन गांवों से भी होती है जो अपनी-अपनी विशेषताएं लिए हुए हैं।

यहां कुछ ख़ास

छितकुल का यह रास्ता हमें मुश्किल और रोमांचकारी सफर से रू-ब-रू करवाता है। मस्तरंग के पास से गुजरते हुए हम एक बेहद खूबसूरत नजारा देखते हैं। यहां पेड़ों के मध्य खूब सारे गोल-मटोल, चपटे, आड़े-तिरछे, हलके रंग-बिरंगे तथा अन्य आकार के पत्थरों का खूबसूरत सैलाब है। अपनी अनोखी सुंदरता के चलते थोड़ी देर के लिए यह हमें रुकने को मजबूर कर देता है।

सपने के साकार होने जैसा अहसास

इन सभी इलाकों से गुजरते हुए जब हमारी गाड़ी छितकुल पहुंचती है तो सपना साकार होने जैसा अहसास होता है। छितकुल का सभी पिछले गांव से काफी गैप है। कोई सोच ही नहीं सकता कि आगे के इस एकांत में भी कोई इंसान रहते होंगे। यह छोटा-सा गांव छितकुल जब हमारी नजरों के सामने आता है तो हमारी आंखें खुली की खुली रह जाती हैं। यह पूरा दृश्य आपको एक अनोखी दुनिया में ले जाता है। मुश्किल परिस्थितियों के साथ यहां के लोगों ने स्वयं को जिस तरह से ढाल लिया है वह काबिलेतारीफ है। छितकुल में मौजूद पुराने लकड़ी

के मकानों से होकर गुजरना हमें सदियों पहले की दुनिया में ले जाता है। यहां आकर आप खुद को एक अलग ही दुनिया में पाते हैं। एक-दूजे से सटे ये मकान ऐसे प्रतीत होते हैं मानो भारी ठंड के कारण एक-दूजे से चिपके हों। इन घरों के आस-पास या हल्की-सी दूरी पर आपको लकड़ी के एक या दो मंज़िला छोटे-छोटे कमरे दिख जाते हैं। ये 'उरछ' हैं जहां बर्फ के दिनों में अनाज संग्रहित किया जाता है। यह व्यवस्था पूरे किन्नौर में है। बसपा नदी के एक ओर बसे छितकुल में अब लोग ईंट, बजरी, सीमेंट आदि से घर बना रहे हैं। यह इस ऐतिहासिक गांव के वजूद के लिए खतरा है। कम से कम इन पुराने मकानों के बीच कोई नया निर्माण नहीं होना चाहिए। भारत सरकार को इसे धरोहर गांव घोषित कर देना चाहिए।

आगे जाने की अनुमति नहीं

यह बात उल्लेखनीय है कि छितकुल इस सीमा की ओर से भारत का अंतिम गांव है। इसके आगे कोई भी आबादी नहीं है। यदि आप थोड़ा और आगे जाना चाहें तो सिर्फ छितकुल से रानीकंडा (3 किलोमीटर) तक जा सकते हैं। यहां आई०टी०बी०पी० की पहली चौकी है। इसके आगे किसी भी नागरिक को जाने की अनुमति नहीं है। हां, विशेष अनुमति के चलते आगे तक जा सकते हैं। छितकुल के बुज़ुर्गों और आई०टी०बी०पी० के जवानों से हमें जानकारी मिलती है कि इसके आगे लगभग 65 किलोमीटर की दूरी पर चीन की सीमा है।

सर्दी का मौसम और फसलें

सांगला से लगभाग 26 किलोमीटर की दूरी पर बसा छितकुल अपनी अनोखी लोक-संस्कृति, परंपराओं व वेशभूषा के चलते अपनी विशेष पहचान रखता है। समुद्रतल से 3450 मीटर ऊंचाई पर बसा यह एक बेहद ठंडा इलाका है। कई महीनों तक यह बर्फ से ढका रहता है। उन दिनों यह देश-दुनिया से पूरी तरह से कट जाता है। इन दिनों यहां का जीवन बहुत ही मुश्किलों से भरा रहता है। लेकिन सरकारी डिपो के माध्यम से सर्दी के महीनों का राशन पहले ही वितरित कर दिया जाता है। बेशक, वर्तमान में कई सुविधाएं हैं, जिसके चलते यह मुश्किलें थोड़ा कम हुई हैं। परंतु कुछ भी हो इन दिनों की परेशानियां यही लोग सही से समझ पाते हैं। किन्नौर के अन्य इलाकों की भांति यहां सेब नहीं होता। यहां अखरोट होते हैं। जो फसलें यहां उगाई जाती हैं, उनमें जौ, फाफरा, मटर, आलू, सरसों आदि प्रमुख हैं। मक्की, गेहूं बहुत कम उगाया जाता है। आटा पीसने के लिए आप यहां आज भी घराट को काम करते हुए देख सकते हैं। बसपा नदी के बिल्कुल किनारे एक विद्यालय है जहां छितकुल के बच्चे शिक्षा ग्रहण करते हैं।

आस्था व श्रद्धा का केंद्र 'माता देवी'

छितकुल के लोगों की आस्था व श्रद्धा का केंद्र 'माता देवी' मंदिर है। स्थानीय निवासी इन्हें

'छितकुल माता' भी कहते हैं। गांव के एक ओर बना देवी का मंदिर लगभग 500 वर्ष पुराना माना जाता है। किन्नौरवासी बौद्ध धर्म को भी मानते हैं। इसके चलते यहां आप बौद्ध मंदिर के भी दर्शन करते हैं। दुनिया भर से पर्यटक यहां पहुंचते हैं। छितकुल की यह यात्रा किसी भी व्यक्ति के लिए कभी न भूलने वाली यात्रा बन जाती है। एक संतुष्टि का अहसास मन के भीतर पसरता जाता है।

जाने का सही समय

छितकुल जाने का सही समय अप्रैल से सितंबर का है। लेकिन ख्याल रखें कि चाहे कितनी भी गर्मी का मौसम क्यों न हो। यदि आप छितकुल घूमने के लिए आ रहे हैं तो अपने साथ गर्म कपड़े जरूर रखें क्योंकि यहां की बारिश के चंद छींटे भी आपको दिसंबर और ज नवरी की कड़कती सर्दी की याद दिलाने के लिए काफी हैं।

कहां ठहरें

छितकुल में ठहरने और खाने की उचित व्यवस्था है। आधुनिक सुख-सुविधा से सुसज्जित होटल विद्यमान हैं। यहां होम स्टे की भी सुविधा है। आप यहां पहुंचकर या फिर ऑनलाइन भी अपने ठहरने की बुकिंग करवा सकते हैं।

कैसे पहुंचें

दिल्ली से छितकुल की दूरी लगभग 582 कि०मी०, चंडीगढ़ से 348 कि०मी० तथा शिमला से 240 कि०मी० है। नजदीक का रेलवे स्टेशन व हवाई अड्डा शिमला है।

छितकुल गांव

बर्फ में छितकुल (नेट से साभार)

किन्नौर के देवता

छितकुल के लिए सड़क

अंतिम छोर की ओर से छितकुल

छितकुल की अंतिम सीमा

छितकुल गांव की गलियां

छितकुल गांव के उरछ

उरछ

देवी माता मंदिर

चोरिंग- जहां विराजते हैं देवी-देवता

बसपा नदी के किनारे छितकुल विद्यालय